10年つきあう株を見つけよう！

これぞ本格派の長期投資

さわかみファンド代表
澤上篤人
Sawakami Atsuto

ダイヤモンド社

はじめに

将来に狙いを定め、今の「不納得」で行動せよ！

人は、「今」最適と思える判断で行動したがるものだ。まして、命の次に大事なお金を投入しようとする投資運用では、どうしても安心感と納得を求めたくなる。だが、それでは現状追認型の投資行動に走ることになってしまう。

たとえば、日本の機関投資家は、「今」の投資環境を語らせたら天下一品だろう。世界の政治や経済、社会、金融の現状や新しい動きなどに実に詳しいからね。実際、そうした「今」の情報をもとに、顧客に完璧に説明できるようなポートフォリオを組んでいるケースが多い。

だが、資産運用では、いついかなる時も「今」の正解を求めてはいけない。どれだけ詳細に現状を分析し、理論的にも最善と思われる投資判断を下したところで、そんなものはほとんど市場価格に織り込み済みだからだ。つまり、そこから行動しても、後手を踏むことになる。

市場は、どんな状況変化も瞬時に価格変動という形で吸収してしまう。だから、「おおっ、これはすごい情報だ」と自分が思ったところで、投資価値は残っていないケースがほとんど。

ところが、顧客から資金を預かる運用ビジネスでは、どうしても顧客の「今」の納得を意識してしまう。顧客の側から「どうしてこんなに下げの局面で買うのか?」といわれると困るので、もっともらしく「今」の情報を分析して、「今の納得」が得られやすいポートフォリオを組み、銘柄を選んでしまう。

一方、個人投資家も「今の納得」で投資判断をする傾向が強い。たとえば、「円安が続いているから、海外の高金利の商品に投資すれば、年4~5%程度の利回りが期待できそうだ」というふうに考えてしまう。

たしかに、現状ではそのとおりかもしれない。だが、ひとつの相場トレンドがずっと続くと考えるのは、非常に危険なことだ。

どんなときでも、「為替が大きく円高に振れたらどうするのか」「市場金利が暴れだす危険はないのか」というように、先々の状況変化を読み込もうとする視点は欠かせない。

将来の納得で行動するとは

つまり、「今」ではなく、「将来の納得」のために行動するのが、投資の本来のあり方なのだ。そのためには、これから先、将来にわたって人々の生活にとってずっと必要なものを、ひとつひとつあげてみることが有効である。たとえば、衣・食・住は人間の生活に絶対に欠かせないものの代表だろう。そのほか、安全や環境、医療、教育――などなど、1人ひとりいろんなものが浮かぶのではないだろうか。

そうしたものへの需要は、人間が生きていく限り、途絶えることはない。そうなると、人間が生きていく上でどうしても必要なものを生産供給する企業も、やはり絶対に必要となってくる。

地球上でおよそ66億人の人が生活している。当然のことながら、日々いろんな需要が発生する。そうした需要に応えようと、さまざまな企業が知恵を絞っている。できるだけ多くの人々が手に入れやすい価格でモノやサービスを提供しようと、企業は常にコスト削減と効率経営に努めているわけだ。

そういった経営努力を営々と積み上げていくことで、その企業は幅広い需要に支えられて利益を拡大していける。人々の生活ニーズに応じようと経営努力を続けることで、社会から敬意を持って受け入れられる企業であり続けようとしているのだ。

投資家としては、そうした企業と一緒に歩んでいこうとすることこそが、「将来の納得」の追求といえるだろう。

今の「不納得」で行動するとは

われわれ長期投資家は、ひたすら将来の納得を追い求めている。そんな中、時として地道に頑張っている企業の株価が下がることがある。単に市場での評価が低迷したというだけなのに、その企業の価値そのものを否定するかのように売ってしまうなんて、まったく理解できない。

みんなが売っているときこそ、「こちらはトコトン買ってやる」と思って行動する。これが、今の「不納得」で行動することである。

一方、多くの投資家は今の納得（＝説明のつく運用）で行動しがちだ。たとえば、日本経済がデフレ状態にあるからと、ゼロ金利下で国債を買い漁った。だが、5年先10年先を考えた時、果してその選択でよかったといえるのだろうか。

リート（不動産投信）も同様、銀行その他の金融機関がカネ余りで運用先がないという状況下で、3％前後でまわるのなら絶好の投資対象、ということで皆が買い群がっている。やっている当人たちがリート市場のバブル化を認めてはいるものの、誰も歯止めが効かない。

赤信号みなで渡れば怖くないとばかりに、横並びで買っている間はいい。誰かが売りはじめたら一体どうなるかは想像するまでもないこと。いま現在の納得を求めて失敗する典型例だろう。

日本の金利は上がらない、インフレもあり得ない――本当にそうか？

日本ではまだデフレ意識を引きずったままの人が多い。たしかに、地方経済のジリ貧状態をみるにつけ、不況の根は深いし金利は上げようがないと思いたくもなる。

だが、世界の現実はエネルギー価格や工業原材料、農作物の市況が高水準にはりついたままである。最近は日本国内のあちらこちらでマンホールや電線、あるいは工業原材料となる貴金属類が盗まれる事件をニュースで耳にすることも多い。また、各国のインフレ懸念はじわじわと高まってきている。

仮に円安が続けば、輸入インフレになり、国内物価が上昇する一因になるかもしれない。そうなると、日本経済のデフレ的な側面が一気に霧散してしまうこともあり得る。日本の金利も市場が引っ張り上げる形で上昇し、それが円借り取引の巻き戻しと、円買いを誘う展開も想定しておきたくなる。

相場は「どちらに転がるかは神のみぞ知る」世界ではあるが、いろんな可能性を読み込んで、将来の可能性が高いほうに照準を合わすのが運用である。つまり、「将来の」インフレを織り込むことには十分納得がいく。

そのためにも、「いま現在は不納得」かもしれないが、インフレに強い株式を持つことは大きな意味を持つ。しかも、相場を追い駆けて短期で売り買いするようなトレーディングの世界ではなく、応援したい企業の株式を安値で徹底的に拾っておく「長期投資」を、まさしく実践する時期がきているといえるだろう。

本書を読むことで、あなたの投資観（それは社会観にも通じている）が変わり、長期投資の成功へとつながるヒントとなれば幸いである。

10年つきあう株を見つけよう！
——これぞ本格派の長期投資

目次

第1章 思いと夢を実現する長期投資 ……21

第2章

情報は未来を読み解くヒントだ……49

第3章

第4章 キラリと光る会社を探す

第5章 このリズムがわかると長期投資はうまくいく！

第1章

思いと夢を実現する長期投資

この上昇相場はこれからが本番だ

7〜8年は「買いのスタンス」で

日本の株式相場については〝超強気〟にみている。もちろん、株価が一直線にどんどん上がることはないだろうが、スピード調整や値幅調整を加えながら、息の長い上昇トレンドが続いていくと思うね。

というのも、まだこの相場は始まったばかり。ここ2〜3年で終わるとは思わないし、あと10年くらいは続くかもしれない。私は長期投資家としてここから7〜8年くらいは日本株を買っていき、その後2〜3年かけて売っていくイメージを持っている。

これからも、株価が上昇していくと考えるのには2つの理由がある。1つはファンダメンタルズ（経済の基礎的条件）の大幅な改善だ。

企業がこれまでの〝発展途上経済にドップリ浸かった経営〟から〝成熟経済に合った経営〟に

変わったことで、どんな経済環境下でもそこそこ利益を出せる体質になってきたことだ。

2つ目は需給の問題。日本は長年、事業会社とメインバンクや取引先企業がそれぞれの株式を相互に保有し合う「持ち合い」が、日本特有の資本取引の慣行とされてきた。バブル崩壊後は、もうそれをやめようという「持ち合い解消売り」が一方的かつ構造的な売り要因となった。すさまじかった売りが一段落して、逆に、個人マネーが預貯金から株に流入してきはじめている。これは歴史的な潮流だと思う。

個人マネーが流れ込んで、すごい相場になる！

特に1つ目の企業経営の変化によって、安心して株を買える雰囲気が高まっている。預貯金に眠っていた個人マネーがどんどん株式市場に入ってくれれば、すごい相場になるよ！

ただ、最初に言ったように、株価は一直線ではなく、波打ちながら上がるもの。市場参加者がみんな私みたいに〝長期視野で強気〟だったら、（売り手不在で）株価は上がる一方となるだろう。だが、現実はそんなわけにはいかない。株が上がってくると「もうそろそろ天井なのでは」と考えて不安になる人もでてくる。ここがピークかもしれない…と思って株を売る人がいるので、年に2回か3回は5％や10％の調整が起こるわけだ。

もっとも、全体は上向きだから、株価が下がれば買いが入る。そして、上がればまた不安になって売る人が出る――ということを繰り返しながら株価はジリジリと下値を切り上げていく。そして、本当に相場が強くなって、（後から見て）ピークの7合目くらいになると、みんなが焦って株を買ってくるから、そこから先は、もう下がらずに株価は一気に上昇スピードを上げていく。いずれ、いわゆるバブル気味の熱狂相場になっていく。投資家にとってはいちばんおいしいところだ。

さわかみファンドとしては、お客さんのためにはできるだけ長く引っぱって（株を保有して）、できるだけ投資収益を高めたいところ。しかし、上昇相場が天井を打つ（ピークを越える）と一気に下がる。そこから先は、もう売るに売れない。だから、少し早めから売り上がる。

投資運用において、「売りどき」が一番むずかしい。そうした場面ではまさに欲との戦いになるだろうね。

応援したい会社を買って、あとは放っておけばいい

自分とお金が両輪となって働くことが大切

ところで、長期的な資産形成をめざす上で、いちばん大事なのは「ただ投資をはじめれば、それで良し」と考えないこと。

「自分自身がどうがんばって生活し、いかに収入をあげていくか」ということがまずは大切。いつでも、どんな時でも地に足をつけて働いて、日々の生活を送ることが資産形成のベースになる。

ただ、自分ががんばって働いても、能力や運、健康状態などによって収入が左右されることもある。そして、いくら個人ががんばっても、会社の経営が苦しくなって収入がカットされることもあるだろう。こんなふうに、期待したほど収入が伸びないこともありえるよね。

だから、自分できっちり働くということに加えて、「お金にも、がんばって働いてもらおう」ということになるのだ。「自分」と「お金」という2つの働きを併せ持つことで、現在の生活基

盤を固めつつ、将来への備えもできるというわけだ。

まずこのことを、よく頭に入れておいてほしい。

自分の価値観と今の社会を比較してみる

では、お金にどうやって働いてもらえばいいのか。

それはすごく簡単な話だ。まずは、自分との対話から始めてみればいい。それぞれ社会や家族などに対して希望や夢を持っているはずだ。たとえば、次のように考えてみてはどうだろうか。

「自分はこれからどういう社会を築いていきたいのか」

「子供や孫をどんな社会に住まわせたいのか」

――こうしたことを、一度、自分に問いかけてみよう、それも徹底的に。

そして、自分の希望や夢と今ある社会とを比較することで、「もっとこうしたい」という自分なりの思いが見えてくると思うよ。

みんな、自分なりの社会観や将来設計に沿って生きていっている。「お金」に働いてもらうときも同じように、自分の社会観や価値観と同じ方向で、ビジネスを拡大していこうとがんばっている企業を応援すればいい。

応援なら暴落しても持ち続けられる

言い換えれば、目先の業績動向とか投資リターンの可能性とかをすべて取り払ってしまい、シンプルに自分が応援したい「好きな会社」を応援すればいいのだ。

たとえば、将来、公害のないきれいな社会に住みたいと思う人は、水や土壌など環境に配慮している会社などが当てはまるだろう。あるいは、燃料電池を開発している会社や、風力発電関係の会社なども候補になるかもしれない。

こうした会社を、ただ「儲けたい」と思う人たちが増えてガツガツ買ったことで株価が上昇し、その後に暴落したとしても、自分が本当に応援したいという気持ちがあれば、焦ることなく持ち続けることができるだろう。それに、なにしろ、こちらはその会社に投資することで、自分が描く社会に一歩一歩近づいているという実感があるから、十分に満足できる。

投資した企業から入るお金（配当など）は再投資すると同時に、運用して増えたお金を使う方向も大切である。社会観や価値観がしっかりしている人は、自分の願う方向へお金を使うことで、またお金が回って応援したい企業に入っていく。そして、その企業が成長することで、自分の投資の精度を高めることになる。このように個人と企業、社会が〝三位一体〟になっていることを実感できたら、ホントに幸せだと思うよ。

まさに、長期投資は自分の夢の大きさや人生観が問われると言っても過言ではない。

「10年間は売らないぞ」と思える会社を探そう

将来像をイメージできたら、次に、「絶対に、10年間は売らない」「10年間は応援し続けるぞ」と思える銘柄をピックアップしよう。

このとき、いちばん大事なのは「現状」ではなく、「将来の可能性」を追い駆けること。そうした思いを託すことのできる会社はそれほど多くはないだろう。選ぶ会社は1人ひとり違ってくるが、それでいい。

好きな会社を選ぶと自信を持って長期保有できるし、企業の業績だって、もともとは消費者の好き・嫌いに左右されるものだ。直接製品が見えない部品メーカーも基本は同じで、技術力や社風などを調べて「応援したい」と思えれば買えばいい。

応援したいかどうかは、自分の身近にある商品やサービスで判断すれば十分だ。「将来にわたって、ずっと一所懸命がんばってくれる、よい仕事をしてくれる」という具合に、自分が信じられるだけの「ブランド」がある会社を探そう。

ここでいうブランドというのは、高級バッグや洋服などとは違う。欧州には100年、200年と長続きしている企業がたくさんあるし、日本にだって地道によい商品・サービスを作り出している会社はたくさんある。それが本当のブランドなのだろう。

儲かるかどうかで銘柄を探すのはもうやめよう

商品やサービスだけでなく、会社自体の強さ、成長力とは何によってもたらされるか。そこをトコトン考えてほしい！　何も企業の調査を行うプロのアナリストのように経営戦略を調べろということではない。むしろ、消費者の立場で考えてみることが必要だ。

というのも、経営者がどれだけがんばっても、それは企業の成長にとって半分でしかない。残りの半分は消費者がお金を出すかどうかにかかっているからだ。企業研究をするのは大切だが、消費者や生活者の立場から会社や商品をみることも、実は欠かせないのだ。

逆に、目先の業績などは一切気にしないこと。だって、この1～2年はいいかもしれないが、10年先、20年先のことまではわからないじゃない。わからないのであれば、考える必要はない。

そうすれば、（目先の業績のよさや、マスコミ的な格好よさに惹かれて）ポッと出の新興企業の株を買って失敗することもなくなるよ。

これは投資の真理でもあるが、「儲かりそうか、どうか」の視点で考え始めると目先の数字に振り回されてしまうし、思わぬ会社を買って失敗することもある。だから、「儲け」という視点で会社を探すという発想はもうやめにしてほしいね。

ただし、応援したい会社があってもすぐに投資してはだめ。相場が暴落したときに買うこと。年に2回か3回はすごい下げ相場に直面する。そこを、「待ってました」と買うんだ。ドカンと下がったときこそ、「ここは私の出番」「試されるときだ」と思って買えばいい。事態が落ち着いて、株価がすごく上がってきたときには5分の1とか、6分の1ずつ売っていく。そして、何かの拍子で大きく下げたときにまた買えばいい。

こんな具合に、自分のブランド銘柄とのお付き合いはずっと続く。その会社と〝一緒に生きていく〟くらいの気持ちで投資してほしいね。

だからこそ、「この会社、好きなんだ」といった感情を放り込める銘柄を選ぼう。そうでないと10年も持つことはできないよ。果実が実ってくるまで応援し続ける。それこそが長期投資の醍醐味なのだ。

応援するとは「日本にとっての財産を守ること」

株を買うことで「信任投票」をする

市場全体が弱気のときや不景気のときには、一生懸命経営している会社でも株価が低迷することはある。

株価の低迷は「経営に対する評価が低い」ということでもあるよね。それに、株価が下がり続ければM&Aの標的にされたり、市場から退出を余儀なくされたりする可能性もでてくる。

だからこそ、株価が大きく下げているときに株を買うことは、その会社の応援になる。株を買うときに一番大事なのはまさにここなのだ！　低迷している株を買うという行為は、経営に対して「オレたちは株を買うから、頑張って経営を続けてよ」というメッセージを発信していることになる。

つまり、売っている人がその会社の経営に対して「不信任投票」をしているのに対して、株を買うという行為で長期投資家は「信任投票」をしていると考えるといいだろう。

ただし、どんな会社でも応援するわけではない。断固応援するのは「退場したら社会や我々の生活にとってマイナス」あるいは「その会社の技術や設備は日本の財産」と思える会社だけだ。

下げているときに買ってこそかっこいい！

応援したい会社は、基本的にはいつ買ってもいい。そうはいうものの、どうせなら株価が大きく下げているときに買ったほうが応援のしがいがある。

そして、いざ応援に入るときには「さらに下がったらどうしよう」などとは、一切考えないことだ。それを計算し始めたら、株価が上昇に転じるまで買えなくなってしまうからね。そんなことはかっこ悪いし、応援にならないよ。

たしかに、大底を確認してから買ったほうが確実かもしれないが、それは単なる利益計算をベースとした投資行動だ。機関投資家だったら、それでもいいかもしれない。

我々はもっと思いを込めて行動している。だから、相場が暴落しているときだって買っていけるはず。皆が売ろうとして必死になっている時は、なにもかもがやたらに安い。そういった安いときに買っておくから、長期投資家は結果として、大きく儲かるだけの話だ。そこをよく理解しておこう。

だから、我々は暴落時に買うが、株価が上昇して〝にわか応援団〟がいっぱい出てきたときには、彼らの買いに向けて保有株の一部を売却して現金化しておく。そして、〝にわか応援団〟が去った時（＝株価下落）にまた応援に入るのだ。

株価が下げに転じると、損失回避とかで慌てて売り始める投資家が多い。これでは下げ相場に加担しているようなもの。

だが、我々は「このままずっと長期保有してもいいが、かなり上がってきているから、暴落時に備えて現金を作っておこう」というスタンスで、早め早めに売っている。したがって、相場が崩れて下げ始めたら、さらに売ることはない。

逆に、下がり続けている間はガンガン買うが、株価が反発に転じてくればそこから上はもう買うのを中止するね。指値が低すぎて買えなかった銘柄もたくさんあるけど、追い駆けてまで上値を買おうとはしない。長期投資では「あくせく」投資する必要はないと考えているからだ。

「イマジネーション」と「ロジック」が勝負

5年後、10年後の姿を描き出す

長期投資をする上では、イマジネーション（推）とロジック（論）が何よりも大切である。その力を高めていくほどに、長期投資は楽になる。

たとえば、さわかみ投信では会社を調査・分析するためのアナリストを抱えているが、よほど高レベルに達したアナリストでなければ、会社訪問はさせないことにしている。なぜかといえば、わざわざ忙しい時間を割いてもらって、つまらない質問をするのは会社に対して失礼だから。

本来、アナリストは徹底的に「調べて」「考える」のが仕事だ。つまり、その会社の5年後、10年後の将来像を描き出すために、調べて考え抜いた上で「仮説」を立てていく。

その過程で、細かい疑問やどうしても論理を伸ばせない点が生じてくる。「どうしても確認したい」というポイントが明確にできた場合には、直接経営者に会って話を聞く意味があると思う。

だが、単にレポートを作成するために業績数字の確認をする程度なら、わざわざ経営者に会いに行く必要はない。

だから、IR担当者に話を聞くことにも重きはおいていない。IR担当者から提供される情報は会社側が出したいものだけ。それは提供された資料を読めばいいわけで、内容を再確認するために会社訪問しても何の役にも立たないからだ。

もちろん、ずっと先行きのリサーチを進めていって興味が高じてきた会社のトップが会って話をしたいと言ってくれるなら、何時間かけても喜んで行くけどね。

一方、公式の決算説明会は経営の迷惑にならないので、できる限り参加している。資料を読めばわかる話ではあるが、経営者の顔つきなどを眺められるからね。

ところが、一般のアナリストは発想が逆。入れ替わり立ち替わり、数字の確認などのために会社訪問して経営者に会おうとする。中には「経営者なのにアナリストと会わないのはおかしい」などという人もいるが、それは傲慢な話。

経営者にはできる限り経営に徹してもらうのが筋。我々としては、経営者には本業に勤しんでもらいたいから、迷惑をかけたくないというのが本音だ。

個人投資家も経営者を見たほうがいい

一方、工場や研究所には足を運ぶようにしている。長期投資は「イマジネーション」と「ロジック」で組み立てるもの。工場や研究所見学は会社の将来性を「考えるための材料」をいただく場だと思っている。

例えば、直接現場の方の話を聞いたり、工場の雰囲気を感じたりすることは貴重な材料の1つだ。たまに取締役などが対応すると、通り一遍の話しか聞けないこともあるが、現場の技術者が嬉々として働くのを見られるだけでも、十分な判断材料だと思っている。

こうした発想は個人投資家にも通じるはずだ。最近は個人投資家向けのＩＲセミナーも頻繁に行われるようになってきた。株主総会のあとのパーティーなどで、経営者と話ができる会社もある。そうした場でトップの顔つきや考え方、将来に対するビジョンなどを直接見聞きすることで、「考えるための材料」が得られると思うよ。

昔は大株主に対する説明を大事にしていたが、ようやく個人投資家を意識してきたのはいい傾向だ。

長期投資では、目先の数字より「共感」や「応援したいという思い」のほうが大切だという話をしたが、経営者や役員などを間近に見られる機会を活用するのはよいことだと思うよ。

実現したい夢を考えれば、投資のヒントはごまんとある！

企業を見る上での〝根っこ〟

ここまで話をしても、「応援したい会社がすぐに思い浮かばない」という人もいるかもしれない。だが、何も悩む必要はない。

応援したい会社を探す手がかりは、日々の生活の中にある。経済というのは、普通の人が飲んだり、食べたり、着たりする、そういうものが集まってできていくものだ。

だから、普通の人が5年後も10年後も必要なものは何かを考えてみるといい。そういう商品を作っている会社、サービスを提供している会社は世の中がずっと必要とする。投資するのであれば、まずそういう会社を自分で選び出すことだ。

具体的には、教育でも、次世代エネルギーでも何でもいい。自分が追求したいテーマを見つけて研究していくこと。ずっと勉強していると、その方向で頑張っている企業が次から次へと浮かび上がってくる。そういった企業なら、長期投資家として、熱く応援したくなるじゃない。

もし子育て中の主婦なら、女性であり、母親であり、人間でありと、さまざまな顔を持っている。それぞれの立場で日ごろ抱いている思いを洗い出してみるといい。例えば、「学校の教育レベルが低くなっている」とか、「最近、犯罪が増えているな」と感じる人も多いだろう。それらはすべて投資のヒントになる。

次に、教育や防犯など、自分が興味を持ったテーマについて勉強していこう。勉強を進めるうちに、「こういう会社があると教育環境が変わるかもしれないな」とか、「こういう会社が伸びると、子ども一人でも安心して学校に通わせられる」など、いろんな案が浮かんでくるはず。そうしたら、その案に当てはまる会社を自分の投資対象銘柄として、徹底的に追い駆けていけばいい。

これが企業を見る上での〝根っこ〟(＝仏の中に入れる魂)だ。それさえしっかりしていれば、投資判断がスムーズにできるし、どっしりとした長期投資で結果的に儲けることもできる。

主婦の人も、まずは〝根っこ〟を持つことが大事。そこから投資対象を広げていけば、身近な化粧品や健康食品だけにとどまらず、応援したい会社の間口がグンと広がってくる。

あくまでも大切なのはあなたの「夢」

ただし、気をつけたいのは〝仏作り〟で終わってしまわないこと。長期運用に慣れてくると、それなりに儲けられるから、そこで満足してしまう人も多い。だが、あくまでも大切なのは根っこの部分だということは忘れないでほしい。

そもそも、われわれ長期投資家は「こんな世の中に住みたい」「こんな社会を子供や孫たちに残してやりたい」といった夢や価値観の実現に向けて、投資対象を絞り込んでいる。そうしたら、そういった夢や価値観に一歩ずつでも近づいていけるかを、徹底的に考えるのが「根っこ」である。

我々のお客さんの中には、「寺子屋を始めたい」という主婦の人もいる。今の教育産業には自分が考える理想の教育を実現してくれそうな学校がない。それなら、自分で寺子屋を作ってしまおうと思い立ったわけだ。一方、病院の経営優先を排して医師の本分をまっとうしたいというお医者さんもいる。

こうした人たちは夢実現の手段として、さわかみファンドに投資してくれるわけだから、改めて運用を頑張るぞ！　という気持ちになるね。

相場や業績、投資理論は無視していい！

相場を読むなんて時間のムダ

個人が運用に目覚める1つの契機となったのは、公的年金に対する不安だろう。年金が当てにならなくなったら、老後の生活資金を自分で用意しなくてはならない（つまり、運用が必要）。若い人であれば50年、定年退職後の方でも20〜30年近い運用期間。だからというわけだけではないが、ずっと、私は「長期運用」の必要性を説いているのだ。

では、その長期運用にとって、必要な姿勢とはなにか。これは「やたらめったら勉強しなくてもいい」し、「あまりにむずかしく考えすぎてはだめ」だということ。そして、その上で「やることは、やろう」ということだと思う。

まず、長期投資家は相場や業績、投資の理論やテクニックなどをすべて無視していい、というのが私の持論だ。

そんなことを言うと、機関投資家や短期的な売り買いを好む人からは大ブーイングが起きるかもしれない。しかし、理由は簡単で、株は買う人が多ければ上がるし、売る人が多ければ下がる。そして、どんなに景気がよくても、売る人が多ければ相場全体が下がることもあるからだ。つまり、相場動向なんてどっちに転がるか知れたものではない。必死に先を読もうとしたところで、時間のムダである。

30～40年にわたる長期の運用を考えたときに、変動の激しい短期の相場を追い続けると誰しもが疲れきってしまう。そうであれば、「最初から相場を無視してしまう」のが精神的にもいいし、何よりも運用を長く続けるコツだ。

また、業績についても『会社四季報』や『日経会社情報』などを購入して、一生懸命勉強している人が多い。

だが、業績予想はせいぜい今期・来期、長くて2年後までのものしか載っていない。繰り返しになるが、われわれの長期投資は10年、20年、50年間かけて財産を作っていくものだ。10年先20年先の業績予想はどこにもないのだから、業績のことはいっそ忘れてしまえばいい。

永久に有効な理論などない

投資理論やテクニックも、巷《ちまた》にたくさん溢れている。だが、仮に「これなら絶対」「これぞ決定版」という理論や手法があれば、すでにみんながそれを実践して、投資家すべてが大金持ちになっているはずだ。

しかし、現実にはそれほどの大金持ちは生まれていない。残念ながら、万能な投資理論やテクニックは存在しないということだ。もちろん、短期的に有効な理論は存在するが、永久的に妥当性を持つ理論は存在しない。これは、当然のこと。なにせ市場は、機関投資家や個人投資家、投機家など、いろんな価値観や利害がぶつかりあう場だからだ。

では、長期投資家はどう行動すればいいのか。

われわれは景気の大きなうねりに対して、不景気のときにありったけのお金を持ってきて株を買う。そして、景気がよくなってきたら、現金化していく。また、景気が悪くなったら積み上げてきた現金でドンと株を買う。こういった行動を繰り返す。それだけだ。

かっこいい金持ちをめざそう

「贅沢したい」から一段上がって考える

投資教育がはやりだ。最近は大人だけでなく、子どもを対象にしたものまである。投資教育というと、技術論や知識の修得に走ってしまうことが多いが、本来は「何のためにお金がほしいのか」というところから問い直さないといけない。

例えば、株式投資ゲームをすることで、株式投資のサワリを知ることはできるだろうが、それだけでは投資の本質に触れることにはならない。

そもそも、自分が食べていくだけなら、お金はそれほどいらない。ガツガツ稼いでも仕方ないし、運用もマネー教育も必要ない。

でも、「自分が贅沢したい」というところから一段上がって、持って産まれた能力や意欲、夢を社会のために生かしたいという場合には、その思いを遂げる手段として「お金」はすごく大切になってくる。

例えば、ヨーロッパのお金持ちはビジネスや投資運用で莫大なお金を稼いで、社会や恵まれない人のためにドカンと使う。彼らは、人間は不平等に生まれてくるものだから、(財力や能力など)天から与えられたものは、自分の贅沢に資するのではなく、世の中や社会にお返しする役割があると考えているからだ。

子どもたちに投資の知識やテクニックを教えるのもいいが、「社会や世界、環境——何でも構わないけれど、それらに対して何らかの思いを持てる人になろうよ」という教育をしないとだめだ。情熱や思いをいっぱい持っていて、かっこよく夢をかなえていく。そのための手段としてお金があるのだから。

だから、日本にもかっこいいお金持ちや投資家がどんどん出てきてほしいね。最高の教育は面と向かって説教を垂れることではなく、背中でもって教えていくことだ。若い人から「あのおばあさん、かっこいいなあ」と憧れを持ってみられるような人たちが出てこないとね。

投資教育さえすればいい、というのは間違いだ。これは、運用にも通じる。仏教ではよく「少欲知足(しょうよくちそく)」と言うけれど、本当にそのとおり。私も朝から晩まで贅沢をしないで働いて、ビール1杯でご機嫌になれる(笑)。

食べていければいいくらいの気持ちで投資に参加できれば、思い切った判断ができる。ところが、「損しちゃいかん」「儲けなければ」とガツガツやると、投資判断も鈍ってしまうものだ。

*

*生きていく上で欲はできるだけ少なく、満足することを知るべしという教え

コラム① ファンドマネジャーの資質とは

ファンドマネジャーの名刺がほしいだけなら、そこそこ偏差値の高い大学に入って運用会社に入社すれば、誰にでも道は開ける。だが、本物になりたいなら、やはり「資質」が問われるだろうね。

長期投資を専らとするファンドマネージャーにいちばん必要なのは、未来を先取りしてイメージする力だ。この1～2年のことを語れる人は多いが、5～10年先をイメージできる人は少ない。しかも、勝手な妄想ではなく、「推（イマジネーション）」と「論（ロジック）」を組み合わせて構想する力が必要だ。

これができるようになるには、たいへんな努力と勉強がいるし、その上「考える力」がないとむずかしい。この1点目をクリアするだけでも候補者は相当絞り込まれるはずだ。

2つ目は、内部（組織）や社内のリサーチ陣に対して断固とした態度を取れるかどうかだ。組織は自社のビジネスを最優先させた判断をする。アナリストは企業の現在および将来の価値を、あらゆる角度から査定するのが仕事。

だが、ファンドマネジャーは「安い時に買う」のが仕事だ。前にも説明したが、ファンドマネジャーは将来の納得（＝読み）に対して今の不納得で行動しなくてはならない。

全員が納得するものは、すでに価格に織り込まれていて株価が割高。そのときに投資するのは最悪だ。むしろ、「今そんな株を買うなんて…」と言われるくらい市場評価の低いときに買わないと意味がない。

だが、組織に属していると経営陣の意向やアナリストの見解もあって、みなが不納得のときに買うのはむずかしい。そんな時でも、断固として買えるだけの気概が問われる。

３つ目は、外部（顧客）に対して毅然とした態度が取れることだ。投信を買ってくれるお客さんは大事だが、投資する銘柄・タイミングについて納得してくれるとは限らない。そのときに、みなの理解を得るべくすこしでも迎合してしまうと、「今の不納得の行動」も中途半端になってしまう。

そして、４つ目に「捨てる能力」があるかどうか。数ある銘柄の中から自分の運用イメージに乗らない投資対象をそぎ落としていかなくてはならない。もちろん、投資タイミングは完全に自分のペース。そして時と場合によっては、組織やお客さんさえ捨てるだけの厳しさ・強さを持たなくては成功しない。

まとめると、感受性が強くて、良い意味で頑固で、しかも買った銘柄が下がってもドンと構えていられる精神的にタフな人。そして、常に勉強して、自分の判断に狂いが生じていないかを素直かつ柔軟にチェックしていける人がのぞましい。そんな人がいたら、ぜひさわかみ投信の門を叩いてほしいね。

第2章

情報は未来を読み解くヒントだ

誰もが入手できる情報やデータには「投資価値」はない

自分で「仮説」をたてるのがスタート

投資をするとき、個人投資家はこぞって情報を入手しようとする。だが、テレビや雑誌、新聞はみな企業サイドが発信した情報を流しているだけの場合が多い。そうした情報自体に意味がないとは言わないけれど、投資をする上では「与えられた情報の価値はゼロ」と考えたほうがいいだろう。

というのも、自分が知らなかっただけで、知っている人はとっくに買っている。みんなが驚くようなニュースが流れてから(上昇した株を)買いに行っても遅い。それに、株価は半年くらい先を見通して動くから、「よい情報」はすでに株価に織り込まれているケースが多いからだ。

ということは、自分なりの情報をつかむ必要があるだろう。もっとも、ここでいう「自分なりの情報」というのは、内部の人から極秘の情報を手に入れることではないし、噂のたぐいを信じることでもない。

そうではなく、与えられた様々な情報を自分で組み合わせて、「仮説」を立てることによって投資価値が生まれてくるのだ。その仮説が時代を先読みしていればいるほど、最初は人々からけなされるかもしれない。しかし、誰もが投資価値を認めない会社であっても、仮説が正しければ将来は誰もが納得するはずだ。

これこそ、「はじめに」でお話しした、「将来の納得」に対して投資するということだ。現在と将来のギャップが大きくなればなるほど利益を得るチャンスが増えると思って、仮説を立てていこう！

経済のモメンタムが働くところには大きな投資チャンスあり

アメリカや中国の経済は関係ない

「アメリカの不動産バブルがはじけたらどうしよう」

「中国発の世界同時株安はこわいね…」

よくそんな会話を交わしていないだろうか。でも、なぜ日本株投資をする上で、アメリカや中国のことを気にしなくてはいけないの？

日本は押しも押されもせぬ世界第2位の経済大国だよ。同時に世界第2位の消費市場でもある。つまり、日本にはものすごく大きな購買力・市場が存在し、そこに巨大な経済活動が時々刻々と織り成されている。

そうした肝心なことを忘れてしまい、米国や中国の経済、株価ばかり気にかけるから、外国の株安などを目の当たりにしただけで気持ちが動揺してしまう。「米国がくしゃみをしたら日本も…」といった植民地的な発想は、もうやめようよ。

「相場をうまく泳ごう」とか、「株価上昇のタイミングを捉えよう」と考えている〝相場追い駆け型〟の人間は、政治や米国の動向が気になって仕方がないようだ。

だが、米国の経済動向ばっかり気にして、自国の株式に投資ができないと騒いでいるなんて愚の骨頂だ。おまけに、毎日一喜一憂している間に、米国株はどんどん上昇してしまった…を、毎度やらかしてる。

相場や政策の方向がはっきりしてきてから動こうとすると、状況を見極めなければ買えなくなってしまうが、状況を見極めたときには相場は終わっている。それでは遅いのだ。

マイペース投資の極意

そもそも日本株を買うのに、米国の指標を気にする必要はない。仮に住宅バブルがはじければ、たしかに米国景気に悪影響を与えるし、米国経済は一時的に落ち込むかもしれない。住宅バブルで儲かっていた人々による過剰投資や投機は剥げ落ちるだろうし、信用の収縮が連鎖的に広がれば、世界中の株が暴落する可能性もある。

日本企業も少なからず影響を受けるかもしれない。だが、米国経済がコケたところで、まともに経営していて投資価値を高めてくれる企業であれば、長期的な影響はさほど受けないはず。

ところが、日本の投資家は海外のニュースなどに過剰反応したり、市場の急激な変動で慌てふためく人がたくさんいるから、勝手に買いあがってくれるし、勝手に売り叩いてくれる。

われわれ長期投資家は、大慌てで株を売り買いするそうした人たちを横目で見ながら、株価が安くなったら断固として買い、高くなったら早め早めに売っておくという、マイペース投資を貫けばいい。

それに、長期投資家はバブルに乗って高騰したような銘柄は早めに手放しているから、（バブルが崩壊しても）痛くも痒くもない。逆に、バブル相場に熱くなって高値を買っている人は、どうなってしまうか想像がつくね。

世界的な株安は、むしろ買いチャンス

世界的な株安になったら、日々の経済のなかでしっかり経営している会社も一緒くたに売られて、株価は大きく下がる。

そういった全面下げ相場で、実態価値よりも過剰に売られたときには、むしろ大きな買いチャンスになる。

こうした考え方は、天変地異など不測の事態が起こったときでも同じだ。不遜な言い方になってしまうが、生き残った人間はできる限り早く元の暮らしを取り戻したいと望む。不測の事態などで失われた生活基盤を再建しようというニーズは、経済にとって純粋にプラス要因である。つまり、大きな投資チャンスが転がっていると考えていいだろう。

統計は将来への布石を打つために使う

世界経済のダイナミズムを統計でつかむ

金利や為替、各国の株式市場、市況についてはあまり関心がない。ただし、そうした統計をみないかといえば、そんなことはない。きちんと統計などは追い駆けているよ。

ただし、為替や海外の株式市場の短期的な動向によって、短期的に投資方針を変えたり調整するためではない。あくまでも、世界経済全体のダイナミズムを把握するために追い駆けている。

具体的には、代表的な原油価格の指標である米WTI（ウエスト・テキサス・インターミディエート）や穀物の価格の推移などはずっと見守っている。例えば、2001年3月にWTIが20ドルを割っていた頃には、「原油は上がらない」と言われていた。けれど、私は「世界人口の増加とニーズの高まりを受けて、原油価格が上がらないはずはない」と考えて、01年末にタンカー隊を擁する海運株や原油掘削用のシームレスパイプ関連で鉄鋼株を仕込んでおいた。その後、原

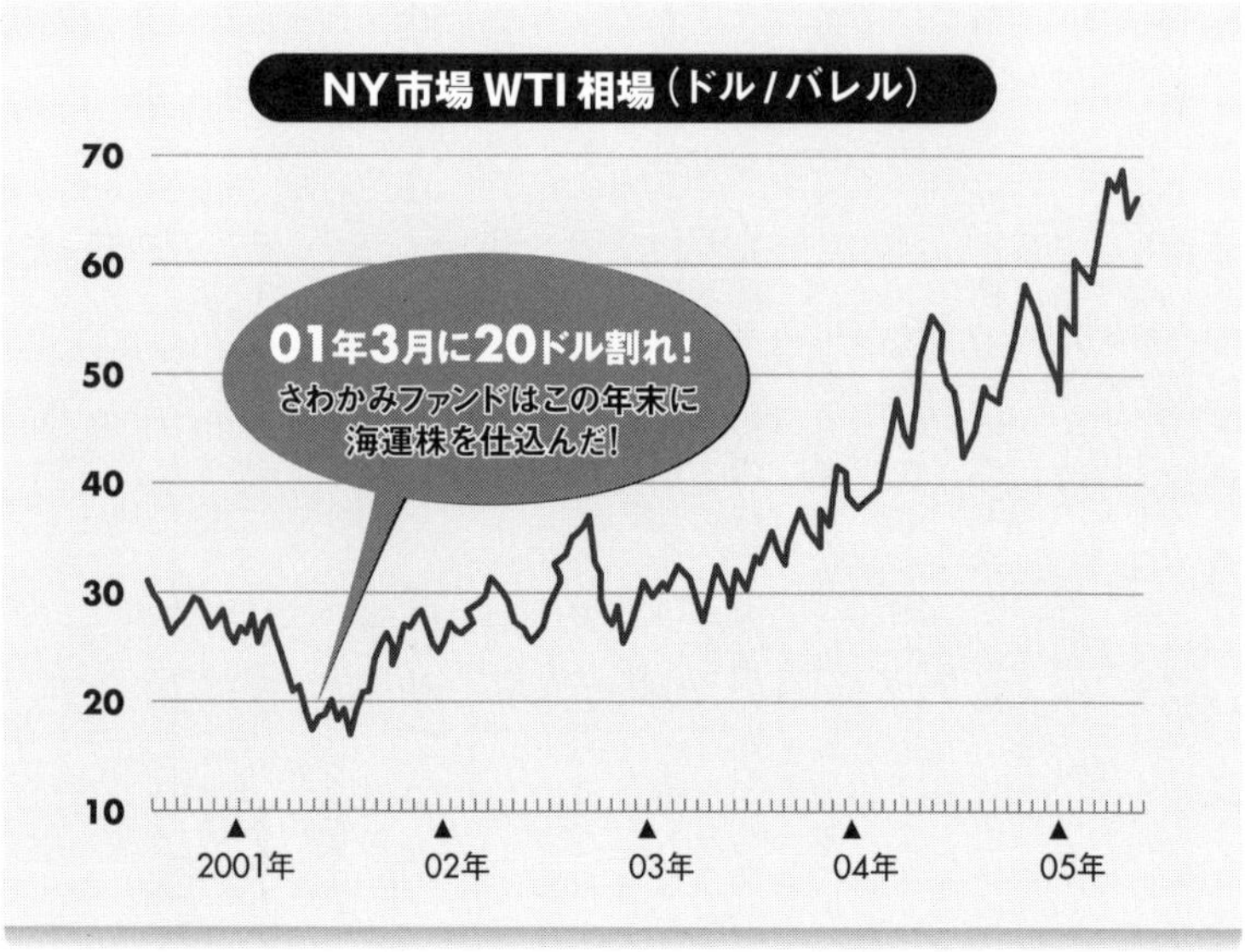

油価格は高騰し、結果的にその投資は大成功だった。

では、今後の原油価格はどうなるか。100ドルまで上がるという人もいれば、下がるという人もいる。だが、そうした意見は気にしなくていい。

大事なのは短期的な価格の上げ下げではなく、「原油価格の上げ下げが世界経済にどういう影響を与えるのか」「いま原油価格が上がっている（下がっている）背景にはどんなことがあるのか」――などをきちんとみていくことだ。

個人的には、旺盛な石油需要を考えると、今後もWTIは1バレル60ドルより下がることはないとみている。つまり、オイルショックの時よりはるかに高い水準で下方硬直性を持つわけだ。となると、「どこで原油から代替エネルギーへのシフトが起こるか」ということに強い関心を持っている。

そして、原油価格が安いときに海運株を買ったように、「WTIが何ドルになると、代替エネルギーはペイするのかな」「石油を代替するものとしてどんなエネルギーが飛び出てくるのかな」――などを、仮説を立てつつ、それに当てはまる銘柄をコツコツと仕込んでいる状態だ。

長期投資は知的ゲーム

長期投資はいわば知的ゲーム。将来に向けていろんな仮説を立てていく過程がいちばん面白い。さまざまな指標や統計は世界経済全体の需要と供給のバランス・アンバランスを読み込むための基礎データであり、〝将来の布石〟を打つための重要なヒントとなる。

そういう視点でみてみるとおもしろいよ！　原油でも為替でも、NY株式市場でも何でもいい。自分が興味を持ったものを追い駆けてみよう。

例えば、NY株式市場が堅調なら、「なぜNYは強いのか」「これは何を示唆しているのかな」などと考えてみる。単なる相場のあやかもしれないが、何か理由があるかもしれない。自分なりに分析して、将来の投資への布石が見つけられたらしめたものだ。

ただし、細かい数字にはさほどこだわらなくてもいい。「力の寄り具合と、力が突出していくであろう方向」さえ押さえておけばＯＫだ。

このように仮説を立てたときに、私が以前から注目しているのがいま挙げた「次世代エネルギー」のほか、「食糧」「環境」という3つのテーマだ。

これらは、世界的に人口が増える中で、将来的に絶対量が〝不足〟することは必至と考えるからだ。4章で詳しく説明していきたいが、06年に原油価格の高騰により「バイオエタノール燃料」や「食糧価格の上昇」などが話題になったものの、まだ根本的な問題は解決されていない。

いまのうちからどんな解決の可能性があるのかを予測して、「解決法」を模索していくと、社会や産業の将来像が見えてくる。そして、勉強していくうちに、投資しておきたい銘柄もみえてくるものだ。

有望なセクターの中から銘柄を選ぶ方法

好きか、嫌いかで考えよう

仮説を立てる中で有望だと思えるセクターがみえてきたら、その中からどう会社を選べばいいか。これは実は簡単。好きな会社を選べばいい。

理由は2つある。1つは1章で説明したように、好きな会社を選べば、自信を持って長期保有できるからだ。そして2つ目はもっと根本的な問題だ。

そもそも企業はお金を支払う人がいてはじめて売上が計上される。われわれはモノやサービスに対してお金を払う場合、結構「好きか、嫌いか」で商品・サービスを選んで購入している。そうすると、商品を買ったほうの会社は売上が増え、選ばれなかったほうの会社は売上が立たない。

生活者や消費者のこうした小さな選択の繰り返しで、徐々に業績に差がついていく。つまり、企業の売上の良し悪しの発端は、実は「好き・嫌い」なのだ。

例えば、航空会社や携帯電話の会社を選ぶ場合でも考え方はまったく同じだ。「飛行機に乗るなら日本航空と全日空のどちらを選ぶか」「携帯電話に加入するならどこがいいか」などを素直に考えてみればいい。

「自分にとっての美人」を選べばいい

一方、直接目に見えない部品メーカーなどは好き・嫌いがわかりにくいという声もある。さらに、物量で攻めてくる中国や台湾の部品メーカーに押されて弱体化しているイメージも強いようだ。だが、そんな海外勢に負けないように頑張っている会社も確実にある。

そうした中で可能性のある企業を発見したときには楽しいよ。みんながダメだと思っている会社は株価も安いしね。一つ、例を挙げておこう。長野県のある会社はコンデンサーなどを非常に安く製造している。バブル半ばの80年代に最先端をいく自動製造ラインを導入したが、固定費がかかるので結局ライン撤去してしまった。そして、地元のおばちゃんたちを使った人海戦術で、中国や台湾、韓国などの低賃金労働と戦っているのだ。

企業は厳しい状態の中で黙って押し流されていくことはない。むしろ、そうした流れにどう対抗するか、逆襲するか——このことに企業の知恵や胆力、技術力が試される。そこが一番おもしろいと思うし、そこに挑んでいる会社は応援したくなるよね。

銘柄選択のリサーチで、狙っている企業を調べる時間は全体の2割。その会社が置かれている客観環境が3割。そして、この2つをベースに残り半分の時間とエネルギーを投入して、私の場合はトコトン考えてみるね。「ホントに海外の安価な製品に押し込まれたままですむかな？」という具合に、そこから調べはじめたりする。

個人投資家の場合も、社風や技術などを調べてみて「好きだ」「応援したい」と思えれば買えばいいし、迷ったときは見送ればいい。

逆に、「どちらが効率的に儲けているか」とか、「どちらに投資したら儲かるか」という気持ちは払拭してほしいね。我々もそうだが、銭勘定をはじめると、どうしても（業績など）目先の数字に引きずり回されてしまう。

だからこそ、「将来に対して強いイメージをもてる会社」を選ぶことが大事だし、そうできるのはやはり好きな会社だ。

短期に株式を売り買いするトレーディング（投機）であれば、ケインズの美人投票論のように（自分ではなく）みんなが好きだと思う会社を選ぶことも必要かもしれない。しかし、われわれが目指すのは長期投資だから、あくまでも「自分にとっての美人」を選んでいい！

逆に、好きな会社を選んでおけば、好きでなくなったときには売ればいい。長期投資では頭でっかちをやめて感情のおもむくままに投資する〝わがまま投資〟が一番だ。

日本のコンテンツ産業は優秀だが…

ただし、仮説を立てて有望だと思っても、すべて投資していいかといえば、必ずしもそういえないこともある。例えば、アニメなど、日本のコンテンツ産業は「すごい」と思うし、個人的には興味もある。

だが、それと投資とは違う。たとえるなら、中国やインド株に投資するようなもの。中国やインド経済の高成長はいわば人類の歴史の大きな実験だから、いろいろ勉強し歴史を体感するために買うならいいと思う。だが、さわかみファンドがお客さんの財産づくりをするときに、敢えて中国株やインド株に投資することはしない。まだ市場が小さすぎる。それと同じだ。

私は投資するときには売り買いのしやすさ、つまり「流動性」を重視している。投資はただ買えばいいのではなく、常に「売る」ことを考えなくてはいけない。まして、お客さんからお金を預かっているわけだから、イザというときに売れないものを買うわけにはいかない。

そう考えると、コンテンツ産業は会社の規模が小さく、流動性に乏しい企業が多いことが弱点になる。

また、映画会社などは継続的にヒットが続くとは限らないため、儲かるかもしれないし、儲からないかもしれないといった〝水モノ〟的な要素が強い。安定感に欠け、どうしても業績のブレが大きくなってしまう。こうした観点から、大きなお金を運用するファンドとしては投資するわけにはいかないと思っている。

個人的には応援したいが、流動性が乏しく、業績のブレが大きいため、ファンドとしては対象外だ。

クリエーターやスポーツ選手を支えるおカネ

ただし、個人投資家としてコンテンツ産業などを「応援したい」人は買ってもいいと思うよ。核になるお金（生活のベースとなるお金や、老後のために大きくしたいお金）については、10年20年ずっと応援できそうな株を買ってじっくり長期投資をしたり、信頼できる長期保有型の投信を買ったりすればいい。

だが、手元に置いた一部のお金は自由に投資してもいい。その自由になるお金の中から「コンテンツ」企業に投資してもいいと思うよ。

もっとも、ビジネスコンテンツなどと違って、アニメなどは芸術性という面も強い。売上至上主義になると、暴力やセックスといった粗悪な作品が増える可能性もある。だからといって、子ども向けのいい作品だけ作っていてもビジネスとして成り立たないかもしれない。そういう意味では、「思い」と「ビジネス」は一緒にしないほうがいいのかもしれない。

私は、アニメのクリエーターがより芸術性・文化度の高いものを創ることに集中できるよう、それを下支えする仕組みを作ることが大事だと思っている。たとえば、クリエーターにまとまったお金が入ってきたときに長期保有型の投資信託を買って生活基盤を安定させていく。そうしておけば、どこかに従属するのではなく自立して、ドンドンいい作品を描いていくことができるだろう。

また、サッカー選手やプロ野球選手が入団時の契約金で投信を買って長期運用することで、引退後にはその運用益で生活していけるかもしれない。個人的には、そうした仕組みを世の中にどんどん提案していきたいと考えている。

金利上昇で銘柄選びは変わる？

金利は上がらないという前提でいいのか

日本の金利はいまだ低空飛行を続けている。ゼロ金利とか、限りなくゼロに近い金利水準がこれだけ長く続くなんて、きわめて異常である。ここへきて、ようやくゼロ金利解除から金利上昇容認の気運が高まってきた。本来、金利は3％とか4％水準まで上昇して当たり前だ。

われわれは以前から、金利が上昇したときのことを想定して投資をしてきたので、金利上昇局面がきても何ら心配はない。

ところが、投資家や市場関係者の間では、10年以上にわたるゼロ金利政策に安住していて、「金利はそうそう上がらない」と思ってきた人が多い。そうした人たちは、それを前提に金融商品を選択してきている。

その根底が崩れてしまうと混乱が起きるかもしれないね。先にも書いたとおり、たとえば、地方銀行や信用金庫などは資金運用先として、こぞってリート（上場不動産投信）を購入してきた。ゼロ金利に近い預金金利で集めた資金を、運用難だからといって、リートを高値まで買い上げてきた（リートの投資利回りは低下）。

ところが、金利が上昇してくるとリートへの投資妙味がなくなる。そうすると、資金がリートから他の金融商品にシフトしてしまい、リート市場は冷や水を浴びせられる可能性がある。

また金利上昇で一番大きな影響を受けるのは国債だろう。金利が上昇しないという前提で、金融機関や年金基金などは国債をたっぷり抱え込んできた。

例えば、10年で1・7％のクーポンが付いた国債があるとしよう。これまでは低金利だったから、債券価格は安定が保たれていた。ところが、金利が上昇し始めると国債価格は下落するので、ポートフォリオの評価損が膨らむ。

このジレンマに陥ると、債券投資家は厳しい対応を迫られることになる。無理して売ろうとすれば、さらに価格を下落させ、金利を跳ね上げてしまう。かといって我慢してじっと保有していても1・7％でしか回らない。金利が3～4％水準にまで上昇してくると、すごく判断に苦しむと思うね。

長期投資家の本領発揮

これまでは「日本の金利は上がるはずがない」と固く信じ込んで、投資家も金融機関もおしなべて安穏としてきたから、金利はおとなしく超低金利に甘んじていた。また、実際に金利が上がりだすとしても、「金利が上がったら困る」という思いが重石となって、すぐに金利は上がらない。今はこの段階だろう。

ところが、金利がさらに上昇すると、「これはマズイ」と売る人が現れはじめる。それを見た人も慌てて追随し始めると、金利はパーンと跳ねてしまう。これを「市場金利が暴れる」と言うのだけれど、こうなると誰にも止められない。近いうちには本格的にこうした現象が起こるかもしれない。

では、金利上昇を睨んで、個人投資家が銘柄選択で注意すべき点はなんだろうか。まず、借金の多い会社は避けるということだ。

財務が健全でキャッシュフローが十分ある会社は、金利が上昇しても何ら問題ない。それに、金利上昇は景気が拡大していることの裏付けでもあるから、売上高は上がり、キャッシュフローはますます潤沢になる。ただし、借金過多の企業でも、本業の調子がよくて、利払い費負担以上に売上が伸びている〝攻めの会社〟であれば投資対象になる。

そうした企業に目をつけておき、暴落で連れ安したときに買っていくという手もある。そういう意味では、長期投資家がいよいよ本領を発揮できるときがきたといっていいだろう。

「円高」は強い企業を教えてくれる

これぞ経済のダイナミズムだ！

景気がよくなれば金利は上がるに決まっているし、金利が上がれば円高要因になる。だが、仮に円高が進行したとしても、何も慌てる必要はない。円高が進んだときにはそれを嫌気して輸出企業の株価が下がるので、むしろ絶好の買い場と考えていい。

円高になると輸出企業にとっては利益を押し下げる要因になるのではないか、と考える人が多い。そのため、自動車メーカーがあらかじめ決めている「想定為替レート（企業が事業計画を立てる際にドル建ての収入を円換算するときに使う為替相場の水準のこと）より円高になったからどうしよう?」などと騒ぐ投資家もいる。

だが、そんなことはまったく関係ない。そもそも企業経営者は想定レートを期待して、そこで安穏としているわけじゃない。何度も言っているように、もっと経済のダイナミズムを感じてほしい!

想定レートを超える円高になれば、経営者は必死になって経営努力をするし、そうするうちに円高に対応できる強い会社になっていく。だから、円高で一時的に利益を失っても、強い会社は立ち直ってくるはずだ。逆に、円高になったときに、競争力が付かずに落ちていく会社もあるだろう。

攻撃こそ最大の防御

そういう意味では、「円高」という現象は強い企業を見極めるよいチャンスなのだ。

一方、円高になると原油価格は抑えられる。原料代が安くなれば、安い製品を作れるわけだから、国際競争力は強くなる。それに、円高で輸出価格が上がっても、強い会社は価格転嫁できるから、それほど気にしなくてもいい。だから、一時的に利益が下がっても、破綻することがなく乗り切ることができる会社なら、時間のズレはあっても利益は戻ってくる。

ただし、帳簿は「円」という通貨単位でつけなくてはならないから、円換算した数字上の海外資産は減るし、海外での利益も減ってしまうだろう。その数字をみて株価は動くので、過剰に売られて株価が下がることが多いのだ。

このように、一般に輸出企業の場合、「円高＝業績悪化」で株価は売られるが、我々は平気である。なにしろ、円高は強い企業をさらに強くしてくれるから大歓迎だし、過剰反応で売られたときには迷わず「買い」だ。

逆に、円安になったときは為替差益が上乗せされるから「買い」と言われるが、（アナリストが強気なときには）株価もそれなりに上がっているので、少しずつ保有株を売って、現金を増やしていくようにしている。

個人投資家の中にはこうした為替の変動を嫌って、為替の影響を受けにくい内需関連株を中心に投資する人もいる。だが、我々はむしろ為替変動で株価が過剰に反応したときのチャンスをとりに行くね。

円高になって景気全般が悪くなると、いつかどこかで円安への圧力が強まる。為替は一方的に動くことはないから、円安になれば、輸出関連企業を中心として株価も飛び上がる。

だからこそ、過剰に売られたときは買っておくべきなのだ。そのほうが結果的に投資収益は高まるし、「攻撃は最大の防御」になると考えている。

人民元の切り上げでは心配する必要なし

超長期で中国が「買い」になることも

為替の問題でいえば、中国の人民元切り上げが気になるという人も多い。実際、人民元が切り上げられると、中国に進出している日本企業に影響があるのか否かを質問されることもよくある。

私は中国に進出している日本企業については、何も心配していない。日本企業はどんどん多国籍化している。これまでも進出先のいろんな国で政情不安などを経験しながら規模を大きくしているわけで、それを避けて通るようでは世界的な大企業に成長することはできないからだ。

ただし、生産拠点・販売拠点の大部分が中国にあるという会社は気をつけたほうがいいし、そうした会社はすでに業績が波打っている。

だが、中国でほんの少しだけモノを生産したり、販売したりしている企業なら何ら問題ない。万一中国がコケても全体に響かない程度の経営をしている企業、要は〝事業を世界分散〟している企業に投資するなら、さほどナーバス（神経質）になる必要はないだろう。

中国には日本以外にも各国の企業が進出し、工場を建てたり、高速道路などのインフラを整備したりしている。人民元が切り上げられてもこうした企業にさほど影響は出ないと思う。

一方、共産党政権に不協和音が起きたり、内政不安が起きたりすれば状況は違ってくる。ビジネス拡大の一環として中国に投資してきた企業は資産を売って出て行くだろう。そして、外国企業が整備したインフラは中国国内に残る。

これは、感情論は別として大事なポイントである。というのも、中国資本は外資が一生懸命に作った設備を破格値で手に入れられる。すると、中国は世界市場においてとてつもなく有利な競争ができる可能性もある。もしそうなったら、中国企業が超長期での投資対象となるだろうね。

コラム② 大切なのはファンド選び

市場には強い会社もあれば、弱い会社もある。つまり「玉石混交」の状態だ。その中で「石」ではなく、「玉」を選び出して投資するのが、アクティブ運用ファンドの役割だ。

ただ、相場が下がっているときは、「玉」はほんのわずかで、「石」ばかりだ。それが、反転して上がり始めるときは、すごく強い企業（玉）から上がり始める。だから、このときには強い会社のみを選んで投資できる超アクティブ型のファンドがインデックスより絶対的に有利だ。

そして、相場が上がっていくと、徐々に「石」が減っていき、「玉」が増えてくる。そして、「石」がほとんどいなくなって「玉」ばかりになったら、相場全体に投資するインデックスファンドが有利だ。

我々は上昇相場の最後のところでは現金化していくから、上昇相場の最終局面ではインデックスファンドに負けるだろうね。だから、賢い投資家は景気回復の各ステージによって、アクティブとインデックスを使い分けてもいいと思うよ。

さわかみファンドはファンド・オブ・ファンズにもできるから、相場が上昇してきて「玉」ばかりになったら、個別株を売って、ETFを買うことも考えられる。ETFは流動性が高いので、次の下落相場に備えて現金化しやすいからね。

ファンドを運用する上ではアセットアロケーションの切り替えがとても大切。景気の大きなうねりに沿って、株式・現金・債券、そして再び株式という順に資産配分を切り換えていくのだ。その上で、株式投資に集中する局面でも、景気が底入れから上昇に転じる段階や、景気上昇ピッチが加速してきた段階などで、銘柄を選別する能力が必要だろう。

例えば、さわかみファンドでは、目先の数字ではなく、非常に強い将来像を描ける会社しか買わないし、金利上昇がマイナスに働く銘柄には見向きもしない。「玉」と思える銘柄群のみに集中し、間違えても「玉石混交」のポートフォリオにはしない。景気回復の各段階で主役になるべき銘柄群に厳選投資してきた結果として、設定来の騰落率でTOPIXを80数%上回っている。確かにインデックスファンドより信託報酬は高いかもしれないが、ちゃんと結果を出しているし、将来的にはTOPIXとの差はもっと開いていくと思うよ。

ただ、過去は「玉」だったかもしれないが今や「石」みたいになった会社を数多く買ってしまうアクティブファンドだと、相場が上昇してくときにインデックスファンドに勝てないだろうね。下手なアクティブよりはインデックスのほうがマシともいえるわけで、ファンド選びが一番大切になってくる。

また、アクティブといいながら、組入銘柄がインデックスと大差ないものもある。そういうファンドは手数料が高い分だけ損だ。

第3章

投資の常識を疑ってみる！

日本株は長期投資に向かない？

NY株価は17年半で15倍

「日本株は長期投資向きではないのでは」という人がいる。そういう人に限って、成長期待の高い中国株やインド株を、長期保有するほうがいいという。だが、本当にそうだろうか？

中国株やインド株は値動きがかなり激しい。株価が大幅に下がる局面でも、株をずっと持ち続けることはできるだろうか？

長期投資といっても、普通は（下げに）耐えられずに売ってしまう人が多い。長期投資というのは口でいうほど簡単ではないのだ。

逆に、日本株こそ、長期投資に向いていると思うよ。それに、わたしは日経平均が将来５万円になっても、10万円になっても全然驚かないよ。

ニューヨーク株式市場だって、黄金の１９６０年代のあと16年間低迷したが、１９８２年から

2000年までの17年半で株価は15倍になっている。長期間の対数チャートでみると、NYダウはキレイな右肩上がりになっているのだ。

日本では株価が「いくら」上がったか下がったかに関心が向くが、運用の世界では何パーセント上がったかという「変化率」でみることが大事だ。たとえば、100円の投資に対して100円儲かるとリターンは100%だが、500円の投資で100円儲けても、20%のリターンでしかない。もし100%のリターンが欲しいとなれば、500円儲けて1000円にする必要がある。つまり、価格だけでは計れないのだ。

日経平均にこだわると乗り遅れる

日経平均がここしばらく低迷したところで、株価全般が本格的に上昇し始めたら、前の高値を抜くのはそれほど難しいことではないと思うね。

日本企業のほとんどは、日本経済がダメだと思ったら、世界の成長に乗ろうとするはず。その結果、世界の成長に乗っていける企業は業績が上がり、株価も上昇する。だから、個別銘柄が大きく上昇する結果として、日経平均株価も上昇していくだろう。

もっとも、日経平均株価の中には、私が考える〝弱い会社〟もたくさん入っている。だから、

1980年から2005年の日経平均とトヨタ自動車の株価

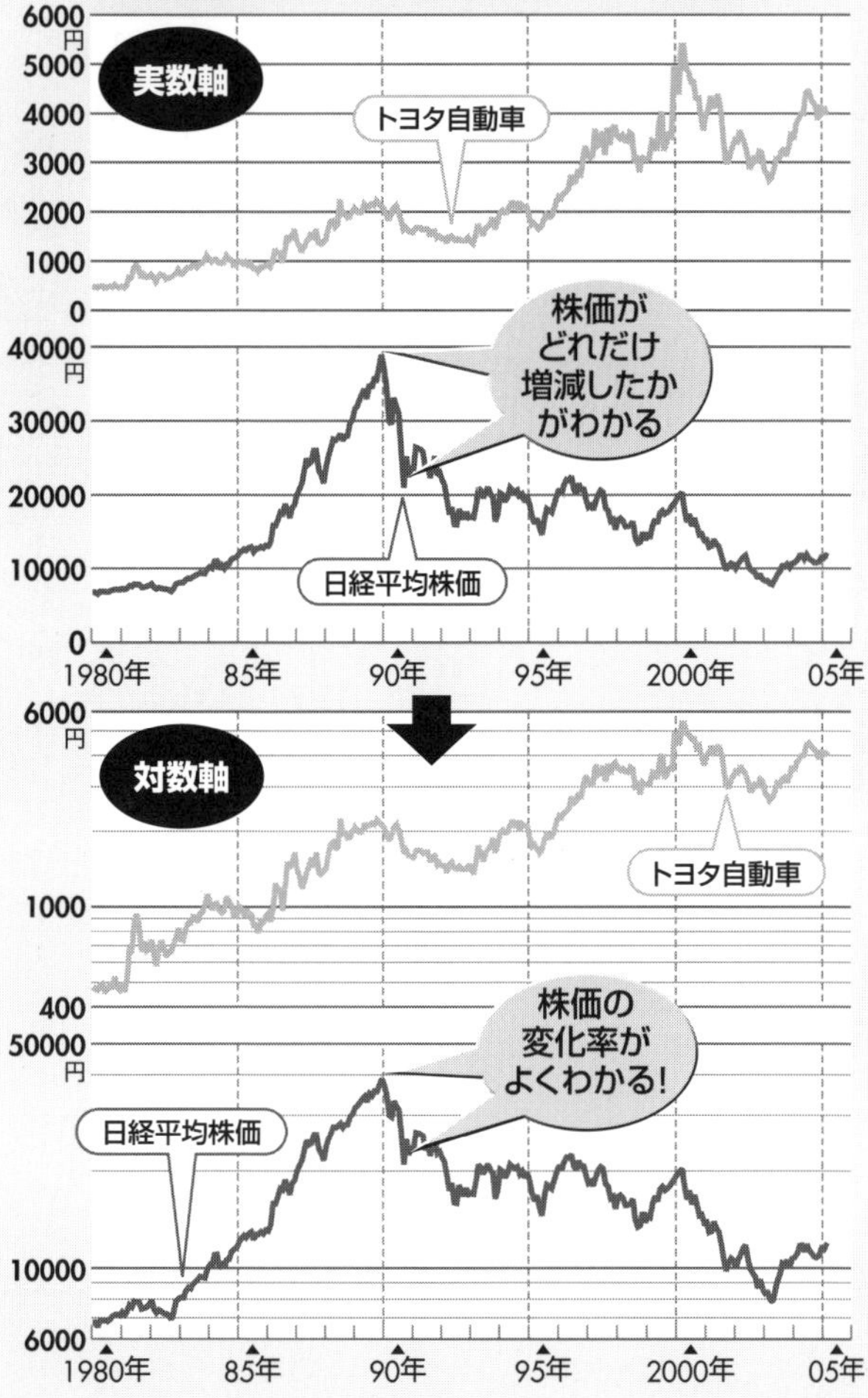

日経平均株価の数字にこだわっていると新しい上昇トレンドに乗り遅れることになる。

たとえば、トヨタ自動車やホンダ、キヤノンなどの株価はバブル崩壊後も着実に上がっている。

こうした会社は日本がダメなときでも、北米などで頑張ってきたからだ。

そういう会社を見つけて、暴落のときに拾っていけば、すごいリターンになったはずだよ。

少子高齢化が進む日本株は期待薄？

新しいニーズがいくらでも生まれる

日本は少子化が進行している。これは周知の事実だ。だが、人口の減少は大騒ぎするほどの問題ではない。

国立社会保障・人口問題研究所の中位推計（平成14年1月推計）によると、日本の人口が1億人を割るのは2050～51年である。ということは今の人口（約1億2700万人）が毎年0・4％ずつ減っていくレベルだ。

仮に経済の縮小が人口に比例したとしても、経済の縮小率は年0・4％にすぎない。それに、経済全体が下がり始めても、人間は「自分だけは何とかしよう」と思って踏ん張るもの。ひとり一人が「現在の生活水準を下げたくない」と頑張るのは確実だから、実際には経済の縮小幅は人口トレンドよりも少ないと想定できる。

役人や学者が考えるほど経済の現場はヤワではない。少子高齢化は、むしろ投資のチャンスだ。たとえば、現在の介護保険の受給者総数は約337万人だが、今後10～20年で100万人ほど増えるといわれる。そうなると、今でさえ不足している介護サービス従事者がさらに足りなくなる。将来的に介護保険サービスが劣化したら、高齢者は預貯金をそれなりに抱えていることもあって、自分でおカネを払ってでも質の高いサービスを受けようと思うはずだ。

こうした新しいニーズはいくらでも発生する。問題はどう解決していくのか、ということだ。仮に介護者不足を移民受け入れで解決するなら、すぐに本国に帰る可能性の高い〝出稼ぎ移民〟より〝家族移民〟を受け入れるほうが安定した介護サービスが期待できる。

家族移民が増えれば、子供が通う学校を作る必要があるし、消費人口も増える。人口の純増だってありえるかもしれない。

これから増えるのは技術移民

若者が減っていくと活力がなくなるといわれるが、そうならない方法はいくらでもある。たとえば、非常にレベルの高い若者が集まるような研究機関や職場を用意し、世界各国から招聘《しょうへい》して100万~200万人の若者を増加させる計画を立てるといったことも考えられるだろう。

または、長期労働を期待できる移民に10年、20年活躍する場所を提供してもいいわけだ。個人的には、これから技術移民が増えていくと思うよ。

例えば、(ブラジル人が多いことで知られる)群馬県・大泉町は、地元の人とブラジル人が良好な関係を築いている。役所が絡んだり、口を挟んだりしているところよりも、民間企業でどうしても労働力が必要だと感じて外国人労働者を受け入れているところはうまくいっている。

だから、地方の自治体で受け入れに積極的なところは出てくると思われる。そして、成功する自治体が出てくると、そのモデルが広がっていくというイメージだ。それが経済のダイナミズム! 私はそういった自発的なダイナミズムの高まりに興味をひかれるね。

また、元気に老後を送りたい高齢者のニーズは増えるだろうから、健康産業なども投資対象になるかどうか勉強してみてもいいだろう。

あるいは、介護の一部をロボットが担う可能性もある。日本のロボット技術は世界の最先端をいっている。最近は人間の皮膚に近いものや、人間をやさしく包み込める機能など、さまざまな研究開発が進んでいる。

高齢化は先進国共通の問題。中国も10年後からは高齢化が急速に進むので、介護ロボットは輸出産業の1つの柱になるかもしれない。世界人口は減らないから、ロボットに限らず、世界経済の成長に乗っていける企業を買えば、何の心配もいらない。

統計資料だけで判断するな

少子高齢化問題に限らず、学者や役所が出してくる統計資料だけでモノを判断してはダメだ。長期投資の読みが薄くなってしまう。

繰り返すが、経済の現場はそんなにヤワじゃない。われわれ長期投資家は社会や経済のダイナミズムを常に意識しよう。

人間は誰だって貧しくなりたくはないから、「どうしたら今の生活を維持できるか」と必死になる。それがダイナミズムの根源。一定方向に大きな力が働いたら、それに対して必ず抵抗する力が働く。

例えば、中高年を対象にリストラの嵐が吹き荒れたとき、朝の資格取得スクールが非常に流行った。これは「何かしないと」という庶民感覚が働いた結果だ。

今後は年金を当てにできない分、元気な高齢者は働くから、労働人口は予想ほど減らないかもしれない、とみることもできるよね。こんな具合で、少子高齢化はむしろ投資のチャンスと捉えればいいのだ。

株価指標で割安度が計れる？

現在の株価だけ見てもナンセンス

ものごとはできるだけシンプルにとらえて、長期で応援したい企業を探そうというのが私の考え方の基本。一方でＰＥＲやＰＢＲといった指標を使って、割安な会社を探そうとする人も多い。

だが、長期投資では将来の成長性を期待してその会社を買うわけだから、現在の業績や収益力で割高・割安を判断するのはナンセンスだ。にもかかわらず、目先の数字をベースに理論株価をはじき出しては、得々としている投資家がいかにも多い。

たとえば、今期や来期のＥＰＳ（１株当たり利益）の見通しをもとにＰＥＲ（株価収益率）を計算して、割安だから、「将来性のある会社」と判断するのは短絡的すぎる。

仮に将来の成長性に対しての割高・割安をみたいなら、自分で7～8年後までの予想財務諸表を作成して、将来のＥＰＳを予測した上で計算してこそ意味がある。

たとえば、今期ＥＰＳが16円で、7年後には78円が期待できるとする。それなら、現在のＰＥＲが24倍でも、7年後には5倍でしかないから割安と判断できる。現在の業績数字で中途半端に割高・割安をいうくらいなら、埋もれている会社の潜在的な能力を発掘したほうがいい。

さわかみファンドは割安株への投資をベースにした「バリュー株投資」と言われるが、我々は最初にＰＥＲやＰＢＲを持ちだして銘柄スクリーニングすることはない。あくまでも「将来、強いイメージを持てる会社」を暴落相場で買うのが投資スタイルだ。

ここでいう将来というのは5～7年後のことだから、そんな長期にわたる業績の予想数字は存在しない。

5～10年程度先の利益予想を計算する能力がある人は指標を参考にしてもいいが、今期・来期の数値を中途半端に使うくらいなら使わないほうがいいと考える。本気で数字を使いたい人は、5～7年先まで予想財務諸表を作成できるだけの力を身につけてからにしてほしいね。

一方、今期・来期の数字で割安度を判断すると、ちょっと景気が悪くなって業績がドンと下がれば、割安の根拠がなくなってしまう。もっとおかしいのは、業績が悪くなるのを見通して株価の方が先に下がってしまうことが多い。こうなると、数字だけで判断する割安株投資は効力を発揮しない。

名前だけの「バリュー株投資」

それに、相場が順風満帆のときはともかく、暴落相場の時には不安で数字や株価指標などもうそっちのけになってしまう人が多い。こういう人は「バリュー株投資」と言いながら、実際は相場を追い駆けているもの。よさそうな株を買って、「うまく儲けたい」「相場にのりたい」というスタンスで、たまたまバリュー株投資という方法論を持ち込んだだけ。

けれど、5~7年先に強いイメージを持てる会社であれば、多少下がったところで自信をもって保有していられるし、市場全体が暴落したときには買い増していける。さわかみファンドも暴落時にガンガン買っているからね。

もちろん、買ったあとに株価が下がることもあるが、将来を強くイメージできる会社を「安く」買えたのだから、目先のマイナスなんて気にしない。

だって、株が下がっても、会社の中身は何一つ変わっていない。株は上がるときもあれば、下がるときもある。1カ月や2カ月単位でうろたえるなと言いたいね。

では、すでに短期的なPERで評価して購入してしまっている場合はどうしたらいいか。私だったら、今の業績数字などは横において、もう一度、保有しているすべての株を見直してみるね。

そして、「自分はどういう世の中で生活したいか」「子供や孫達をどんな社会で住まわせたいか」などを考えた上で、応援したいと思える会社であれば、そのまま保有する。逆に、確固たるイメージもなしに、「何となく良さそう」だけで買ってしまった会社は思い切って売却するね。

そのときに「将来成長しそう」「儲かりそう」という視点は捨ててしまったほうがいい。また数字的な根拠を求めてしまうからだ。

あくまでも、自分のお金にどういう方向で働いてほしいか考えよう。これを機に発想を変えて、腰のすわった本物の長期投資家を目指してみる価値はあると思うよ。

機関投資家や外国人の動向も無視していい

市場には長期投資家もデイトレーダーも、詐欺師もすべて入ってくる。あらゆる価値観や目的、利害などが入り混じることで、合理的な価格が時々刻々と形成される、だから、いろんな人が市場に入ってくるのは大歓迎だ。

たしかに、現状ではデカイお金を持つ機関投資家が、会社の方針などのせいで合理性からかけ離れた売買をすることで、本来価値を無視した株価形成になるケースも多い。たとえば、四半期決算の数字が悪いと、一斉に株を手放すので、株価は下がる。

個人は一斉売りのよしあしを言うのではなく、その結果急落した株価に対して、「株価が割安」だと思えれば、買えばいい。

円安を見越して外貨を持っておくべき?

グローバルに展開する強い日本企業を買えば安心

しばらく前から、政府の巨額の財政赤字と人口減により、将来はすごい円安になるという主張が目に付く。しかし、そうした主張を見聞きして、「円安を見越して外貨を買っておかなくては」と思うのは短絡的すぎる。

たしかに、日本の財政赤字や人口減は現実の問題だ。だが、必ず円安になると決め付けられるものだろうか？　それに、仮に円安になったとしてホントに海外資産を持ったほうがいいのか。このへんは単にブームに踊らされるのではなく、冷静に考えてみてほしいね。

さて、円安が進むとどうなるか。１つ目は外資系企業やファンドが安くなった日本企業を買収しようという動きが出てくるだろう。万一、トヨタやホンダに対する買収が話題になれば、株価は暴騰すると思うよ。

２つ目に、円安の恩恵を受ける輸出企業の業績は良くなるから、やはりそういう会社の株価は上がるだろうね。

そして、３つ目として、輸出企業を中心に日本の少子高齢化などを見越して、すでにグローバル展開している会社は多い。以上の３点を考えると、グローバル化した企業を円で買っておけば、過度に円安を恐れることはないのがわかる。

それに、そもそも「財産作り」をするのは日本で生きていくために必要なお金を増やすためだ。日本で生きていく限り、円での支払能力を高めていけば、いくらでも生活できる。

加えて、財産づくりでは極力リスクを削ぎ落として、大きなチャンスを狙うのが基本。だから、最もリスクの高い為替変動の世界に最初から飛び込むのは間違いだ。

経済は複合的に動くから必ず円安とは限らない

米国でも大都市にいるほんの一部の人たちは、投資の中に海外資産を組み込んでいるから為替の動きが非常に気になる。でも、それ以外の人たちは米ドルで生活して、ドルで消費しているわけ。彼らは為替なんて全然気にしていないよ。

たしかに、円安になると輸入物価が上がり、一時的に経済に影響を及ぼすが、しばらくすると経済社会にビルトインされていく。それに、輸入物価が上昇すればインフレ基調になるので、お金の価値が下がってモノの価値が上がる。つまり、株価は上がってくるのだ。こうした点からも、グローバルに展開できる強い経営基盤を有する日本企業を買っておけば大丈夫というわけ。

ただ、預貯金しか持っていない人や年金生活者は、物価が上昇すると資産が目減りしてしまう可能性が高い。預金では資産はそう増えないし、年金の受取額は物価上昇に比べて遅れて上昇するうえ、物価連動に対してディスカウントされるからだ。

一方で、物価が上がると金利も上昇する可能性が高い。為替変動に一番影響するのは国内外の金利差だから、円高に動くことだってありえる。だから、人口減＝円安などと単純に考えず、いろんな要素を組み合わせて複合的に考えることが大切と強調しておきたい。

高配当や株主優待…株主に還元してくれるのがいい会社？

配当か先行投資かは経営者の判断

日本でも、これからはM&Aがより活発になっていくだろう。買収防衛策として、個人株主を増やしたいと考えている企業も多い。そのため、株主に対する利益還元は増えていくだろう。

企業同士の株式持ち合いが続いている間は、配当はお互いに少なくしておこうという暗黙の了解があった。これは、配当が少ないと利益計上を少なくでき、それだけ節税でき内部留保分を高められたからだ。

けれど、株主構成をみても、上場会社の全発行株数の54%から15%を切るまでに持ち合い解消は進んでいる。新たに株主となった外国人投資家や個人投資家はキャピタルゲインとともに、インカムゲインをのぞむだろう。つまり、一般投資家が増えれば増えるほど、企業は配当を増やすしかないというわけだ。

配当を増やさないと誰も株を買ってくれなくなり、株価は下がる。株が暴落したり低位低迷すれば、M&Aの対象になったり、経営者が無能というレッテルを貼られてクビになったりしてしまう。配当を出せる会社は株がどんどん買われるし、逆に配当を出せない会社はどんどん売られる二極分化が進むだろう。

もっとも、配当を出さなくても、キャッシュや資産のある会社はM&Aの対象になりやすい。もし株価が安値に放置されていれば、恰好の狙い目となる。そういう意味では、すごく面白くなってきている。

ただし、やみくもに配当が高ければいいというわけではない。配当を支払う代わりに内部留保して将来の事業拡大のために先行投資をしていくという選択肢もある。先行投資をするのか、キャッシュアウトしていくかは経営者の判断しだいだ。

個人投資家も、投資をするときには、配当がほしいのか、それともその会社の成長とともに資産を殖やしていきたいのかを、自分なりに考えたほうがいい。

「次のテーマは何」という発想でいい？

自分が追求したいテーマが大事

年末になると、新聞や雑誌では「来年の投資テーマは何か？」といった特集が組まれるケースが多い。だが、次のテーマは何かという発想は捨てたほうがいい。

例えば、「今年には鉄鋼関連が上昇した。次は何が来る？」と考えはじめてしまうと、「相場」や「次のテーマ」が気になって仕方がなくなる。これは何度も言うように〝相場追い駆け型〟の投資であり、長期投資のリズムを崩してしまう。

長期投資家は相場・テーマを無視してかまわない。むしろ、長期投資家は「自分が追求するテーマ」を見つけること、そして、そこから外れた投資をしないことが大切。

ニュースやマネー雑誌の言うテーマに翻弄《ほんろう》されている暇があったら、長期投資できる銘柄を真剣に探したほうが絶対にいい。

仮に、株式相場が長期的な上昇トレンドの中にあるときでも、年に数回はドカンと下がってヒヤリとする場面もあるだろう。そういう場面を狙い済まして買っていけばいい。

逆に、その時々で話題になるテーマ・銘柄に飛びついては、あっちへ行ったり、こっちへ帰ったりしていると、肝心なときにチャンスを逃してしまう。例えば、「こちらは、なかなか上がらないから」と、いま盛り上がっている銘柄に乗換えたら、気づかないうちにもう売ってしまった本来の注目株が値固めして、次の上昇に入ることも十分ありえる。

だから、市場で盛り上がっているテーマなどには目もくれず、長期投資家は「これは」と思った銘柄をたくさん買い込んでゆっくり上昇を待てばいいのだ。

選挙などの短期的な材料に意味はない

同じように、短期的な材料も気にしても仕方がない。政治や米国の動向、市場のうわさ、日々のニュースなどは無視しようよ。

たとえば、選挙の前には投資することに対して慎重になる人が多い。だが、仮に政権が変わったからといって、人々の生活や嗜好が変わるわけではない。きちんと経営できている会社はどんな政権になろうと、自社のビジネスを追及し、利益を拡大していく。仮に日本経済がだめになったとしても、世界経済の成長に乗っていけばいいわけで、政治も相場環境も関係ない。われわれの毎日の生活をベースとした会社の経営は何ら変わらない。消費者だって、コンビニで商品を買うときに「安倍政権になったから、こちらの商品を買おうかな」なんてことは考えないはず。選挙の前後で消費者の好みが急に変わるとは思えないからね。

売り買いのタイミングについても同じだ。前から気になっている銘柄が、新政権下で悪材料が出て売られた場合には買っていけばいいし、保有する会社が「新政権関連だ！」などと囃《はや》されて急上昇したときには売ればいい。新政権とは関係なく、あくまでも「長期投資のリズム」として売り買いをすればいいだけのことだ。

そもそも長期投資家は5年先、10年先を見越して投資をしているわけで、日本の総理大臣や米国大統領が誰になろうと銘柄選びや投資タイミングには何の関係もないはず。それに、相場や政策で動こうとすると、状況を見極めなければ買えない。だが、状況を見極めたときには相場は終わっている。

だから、話題のテーマや法律改正をはじめとする短期的な材料は無視してかまわない。たしかに、そうした要因で株価が上や下にブレることはあるが、長期投資でそこに期待したり過剰反応しても仕方がない。もし株価が上にブレたら一部利益を確定すればいいし、逆に株価が下げたら買い増しをすればいい。「材料」はあくまでも〝オマケ〟程度と考えよう。

私たち長期投資家はどんなときも「企業の長期的な利益拡大とともに歩んでいこう」としているから、政治も相場も気にしない。投資は情報を捨てる作業からすべてがはじまる。「捨てる」という作業をしていけば、何がいちばん大切なのかがだんだんわかってくると思うよ。

新興株は当たれば大儲けできる？

新興株を保有し続けるのは難しい

会社の規模が小さいうちから目をつけて、企業の成長・拡大に応じて株価も上昇する新興市場株に大きな魅力を感じる人も多い。だが、新興株に投資して大儲けできる人は意外と少ない。

「新興株に投資して何万倍になった」などといわれるが、それは後講釈がほとんどである。投資家は株価が上がるほど〝高度恐怖症〟に陥って、株を売って利益を確保したい誘惑にかられるもの。安値で買っていれば少しの下げなら我慢できる。だが下げ幅が大きくなると耐え切れず手放してしまう。

そして、株価が再浮上すると慌てて買い戻すわけだ。そうすると、今度は結構高いところを買っているので、また怖くなって売ってしまう。こんな具合で、実際には保有し続ける人は少なく、思うほど新興株で財を成す人はいない。

唯一の例外がオーナーだ。業績が低迷し、株価が大きく下がっても自社株を売るわけにはいかない。どんなに逆境が続いても懸命に経営に取り組んで、結果的に株を売らずにいるので大きな財を成すことができる。

もし、新興株に投資するなら、投資家のあなたがその会社の技術やサービスに詳しくて、伸びる確信があることが大前提だろう。その上で新興株投資にはいくつかの注意点がある。

新興株を買う前に3つのチェック

1つ目は、技術力などの売りが当てにならないこと。どんなに技術力がすごいと評価されても、それでその会社が大きく伸びるというわけでもない。

新興企業の技術力を見極めるのは難しいし、仮に技術力があっても経営力がなければ成長はおぼつかない。時代にピッタリ合えば、技術力でスーッと伸びることもあるが、ちょっと時期が早くてだめなこともある。

「すごい新技術だ。世の中が一変する」といった株式市場特有の一時の花に踊らされないためにも、日頃から、日経産業新聞などで新技術などについての記事を真剣に読んでおこう。

2つ目は買いどきだ。新興株は期待感から上場直後は過熱することが多い。高値掴みを避ける意味でも、新規上場のお祭り騒ぎが終わってから業績や製品開発動向などを検討しても十分間に合う。

3つ目は経営者の見極めだ。上場で多額のお金を手にした途端、講演や本で成功体験を語ったり、身の丈を超えたM&Aを行なうなど、本業をおろそかにし始める人もいるからだ。

例えば、海外では会社規模が大きくなると、マイクロソフトのように創業者は本業（開発）に専念し、経営は専門家に任せるケースも多い。同社の強みの源泉は、ビル・ゲイツ氏の発想であり、それに時間が取れなくなると会社の成長力にかげりがでる可能性があることをわかっているからだ。

IRに積極的な会社がいいとは限らない

日本の場合、社長は「経営者」「本業（例えば技術者）」「スポークスマン」の3役を担っている。なかには本業に集中しているケースもあるのだが、こういうタイプの経営者は「IR（投資家向けの広報）が悪い」とアナリストから叩かれてしまうケースが多い。

だが、本来は本業や経営に時間を費やし、利益をあげるのが社長の仕事。そこで、「当社は本業に集中したいので、アナリスト全員と個々にミーティングする時間はない。年に数回まとめて説明させてくれないか」と率直に言える社長がいたら、ぜひ応援したいね。

さらに、「うちの将来の成長をじっと長い目で待ってくれる方だけ買ってくれ」とはっきりいえる経営者がもしいるなら、その会社の株をぜひ買いたい！　ただ、目先の業績指向のアナリストに徹底的に叩かれるだろうけどね…。それでも、本業に取り組むために、それくらいのことは言ってもいいと個人的には思っている。

ただ、本当に社長が本業に打ち込んでしまって、表舞台で発言しなくなると、個人投資家にとっては情報が入手しにくくなる面もある。下手すると、「この会社はだめなんじゃないか」といった、余計な憶測が働く心配もあるだろう。

そんなときこそ、自分で会社分析するのだ。過去10年ぐらいにわたって、バランスシート（B／S）を分析してほしい。詳しくは後ほど説明するが、バランスシートの各項目の変化には経営の意思が反映されているからだ。そして、「事業を通してどれだけの富を生み出したか」をみていけば、会社の価値が損なわれていない（＝投資価値あり）かどうかもみえてくる。

そうすると、うれしくなるような大変革を遂げている会社もあったりする。

会社の業績はトップの資質で決まる？

後継者の選び方だけで社長の器がわかる

社長の資質を見極めることは非常にむずかしい。できそうなのは、継続的に歴代の社長の変遷を見て、その会社の体質を知ることくらいだろうね。

経営トップが交代したときは話題になることが多いが、トップ交代を投資判断の材料にするのはまず無理だ。特に、日本はサラリーマン社長だから、だいたい4年か6年で交代してしまう。

自らの力で功績をあげた社長もいれば、前任者がリストラや構造改革などを断行してくれたお陰で〝いいとこどり〟できた社長もいる。後者の場合、経営者の資質を見た場合には前任者が優れているが、実際に会社が復活して株価が上がり始めるのは後任者になって花が開き始めてからだ。そこが、社長交代を即、投資判断に結びつけるのがむずかしい点だ。

だから、我々は社長の変遷を〝継続的に〟みていくことが大事だと思っている。継続的にみることで、「技術系の社長が続くな」とか「新しい社長は違った路線をとろうとしているようだ」――といった会社の特徴や体質がみえてくる。

私がすごいと思うのは、自分を否定するような後継者を選べる経営者だ。一般に自分を奉ってくれる後継者を選ぶケースが多いが、時代とともに会社は変わらなければいけないし、会社に求められているものも変わってくる。これまでの経営方針を一掃しなくてはならない場面もあるだろう。それを甘受できるかどうかで経営者の器がわかる。

別の意味ですごいのがトヨタ自動車だろう。社長になる前はみな無名だが、誰が社長になっても立派に責務を果たしている。これはトヨタという会社のＤＮＡだろうね。もっとも、トップが大きな改革をしなくても会社がうまく回る仕組みが、すでにできあがっていることもあるのだろうが。

トップ交代で会社の「根っこ」がなくなることも

逆に、ある大手航空会社のように内紛を起こす会社は論外だ。経営能力が問われるが、代々息のかかった後継者を選ぶ体質を引きずっているところに問題の根っこがあるのだろう。

また、「こうあってほしい」と思っていた会社が、別のタイプの社長が就任したことで、自分の思いとどんどん離れていくケースもある。例えば、技術力に定評があったのにソフト重視路線に舵を切った会社などは非常に残念に感じた。その時その時の流行を取り入れるのはいいことだが、「自分たちの会社の根っこ」、つまり、寄って立つべきところを離れては、会社は立ち行かなくなってしまうと考えるからだ。

このように、社長の変遷を見ていくのは非常に面白い。気になる会社を追い駆けて、各社長が会社の将来に向けて何をしようとしているのかに注目しよう。ずっと応援していた会社が、社長交代によって良いほうに変われば、そのときは喜んで買い増していいだろう。

増資をするのはいい会社？

公募増資の発表は「売り買い」の材料にならない

最近は大型の公募増資をする会社が増えてきた。バブル崩壊以来のことだから、実に久しぶりの資本市場本格活用である。

株価が上がっているから、（使い道もないのに）低コストで資金を調達しておこうという、「ただ同然のエクイティ・ファイナンス」といわれた公募増資はバブルの時代には結構あった。今はこうした〝やらずぶったくり〟のにおいは薄れていてはいるものの、そうした会社がまったくないとは言えない。

だが、株主に対して不遜と思える行為を働いている企業は市場の鉄槌《てっつい》をくらうので、投資家無視の増資などそれこそ無視すればいいだけのこと。

一般に企業が公募増資を発表すると、将来の供給増加（発行済み株式の増大）を嫌気して株価は下がる。そこから株価がどちらに動くかは業績しだいだが、株主を軽視している会社の株価はそのまま下がり続けると思うね。だから、あまり大騒ぎしなくていい。

仮に納得できない増資であれば、それが「良い増資か、悪い増資か」をいちいち議論するまでもなく、「売る」あるいは「見向きもしない」という行動をとればいい。だって、投資家は株を買う自由もあれば、株を買わない自由もあるんだから。

それに、公募増資では株価は市場に流通する株式数が増えるという需給要因で下がるだけ。株価が割安になったわけではない。投資判断としてはニュートラルなわけで、株が暴落したときに買うのとは根本的に違う。だから、増資発表で株価が下がったからといって、何も焦って買う必要はないだろう。

さわかみファンドとしても、公募増資というだけで買うことはない。ただし、まれに公募増資の発表をきっかけにオーバーシュートして株価が大きく下げることもある。こうしたときは暴落と同じなので、積極的に買うこともある。

例えば、業績的には厳しいが将来の成長を見越した設備増強のため、やむなく公募増資するような会社は予想以上に株価が下がることもある。本気で応援したい会社なら、予想以上に下げた時には買っていくね。結局、投資判断をする上で大事なのはテクニカルな要因ではなく、「経営」の方向性だ。

だから、自分が応援したい企業でなければ、公募増資の発表で株価が下がったところで、買う・買わないを判断する必要はないし、ムリに関心を持つ必要もないだろう。特に、転換社債の満期がくるから、もう1回増資して資金を調達しようというのは、会社の成長とは何の関係もない。単なる資金繰りであって、そういうものを評価することはない。

結論としては、よい増資、悪い増資を見分ける必要はないし、そもそも発表だけ聞いても見分けるのは難しい。だから、自分が納得できない、理解できない場合には放っておけばいいだけの話だ。

コラム③ 若いうちに住宅を買うのはNG

若いうちにマイホームを取得するのは基本的に反対である。ずっと長期投資をしてきた経験からいうと、リスクも大きいし資産的にももったいないと思う。大きなポイントは3つある。

1つ目は「支払能力」の問題だ。今までの日本なら、年功序列賃金や終身雇用体系が磐石だったから、給料が減ることはありえなかった。また、年齢とともに給料が増えていったので、20～30年に及ぶローンを組んでも安心だった。

ところが、今では給料は増えない、会社が吸収合併される、部分的に売却される、リストラされるといった様々なことが起こるのが日常茶飯事となってきた。そうした中で長期の固定負債を抱えるのはリスクが大きすぎる。

なかには「最初の2～5年だけ固定金利」で借りている人も多いから、将来金利が上がると住宅ローン地獄で苦しむ人がたくさん出ると思うね。

2つ目は、若いうちに住宅を取得するのは「コスト面で割高」ということだ。若いときに家を買おうとすると、通勤に便利な場所や子供の教育環境を重視して選ぶことになる。だが、そうした場所は人気が高く、地価が高いケースが多い。加えて、これから増えていくだろう家族構成を想定して大きめの家を建ててしまう。

高い土地に大きい家を建てるので「住宅コスト」が過剰に大きくなってしまうのだ。おまけに、大きな家を買っても子供はいずれ独立してしまうし、家が古くなるとリフォームの必要もでてくる。

反対に、定年後に家を買うとすると、もう老夫婦だけの住み家と割り切れるし、郊外に日当たりのいい小さめの家を建てればいい。そうすれば、トータルコストも安いし、キャッシュで買える可能性も高い。

そして、3つ目は頭金の問題だ。仮に頭金とし準備した1000万円程度のお金を長期で運用したら、どれだけ大きくなることか。せっかくのまとまった大金を住宅取得時にポンと手渡ししてしまう代わりに、長期投資で複利の雪ダルマ効果を狙うと、どれだけ大きく膨れ上がってくれるか一度計算してみるといい。

現役の間は賃貸でいくと決めて、家族構成の増加とともに借り換えていけば、頭金を支払う分はそのまま運用できるし、固定資産税やリフォームコストもかからない。

トータルコストは賃貸のほうが安くなると思うが、日本にまだ本格的な長期投資が定着していないから、そういった比較統計はなかなか出てこない。賃貸は敷金や礼金がかかるのが不利とされるが、住宅は供給過剰になってきているので徐々にかからない方向に向かうだろう。

以上のことから、若いうちに住宅を取得するのは不合理なのがわかるだろう。国は、税制も含めて、一刻も早く住宅政策を転換したほうがいいと思う。

でも、住宅政策の根底にあるのは、間接金融主体でやってきた国の経済運営。個人が住宅ローンを抱えるということは、間接金融の商品を買わされているのと同じことだ。だが、今の政策を続ける限り、住宅は過剰に供給され続け、その建設費や住宅ローン金利を払わされるのは個人だ。これからは、経済合理性や、時代の流れを総合的に判断して行動する必要があるだろうね。

第4章

キラリと光る会社を探す

グローバルに展開する外需系企業が狙い目だ

中国やインドは何を欲しがるか

3章で日本の少子高齢化はむしろチャンスだから、世界的を活路の場としてビジネス展開する、外需系企業を買っておけば、財産づくりは問題ないという話をした。では、世界的にビジネス展開する外需系企業とはどういう企業をさすのか。

最近は内需・外需の壁が薄れてきている。例えば食品でも海外展開している会社は多い。世界のいろんな地域で購買力が高まってくると、「大量生産で安ければいい」という以外に、味や質のよいものに対する需要が高まってくる。その周辺で、日本の高品質製品が幅広くフィットしていくことはありえるだろう。

例えば、日本産のりんごやなし、柿などの果物は、台湾や中国などに輸出されている。そういう意味では、農作物は日本の輸出産業として大きくなる可能性があると思う。

もう1つ忘れてはならないのは、経済には発展段階があるということ。そして、経済の発展段階に応じて、その国・地域への「輸出産業」は変わっていくということだ。日本がかつてそうだったように、BRICs諸国には耐久消費財の工場が次から次へとできている。その地域に爆発的な需要があるわけだから、消費地に一番近いところで車やテレビなどを作ったほうがいいに決まっている。経済でいう「適地生産」のとおりである。

当分の間、中国やインドは耐久消費財を大量に生産し、供給する体制を固めることで忙しい。そうなると、絶対に不足してくるものがある。

一番わかりやすい例がエネルギーだ。人が車に乗れば乗るほど、エネルギーが必要になるからね。これまでエネルギーは、薪、石炭、石油、天然ガスといった天然資源に頼ってきたが、これからは工場で作る工業生産エネルギーにシフトしていくだろう。例えば、太陽電池や燃料電池といった工業生産エネルギーのニーズが高まっていくはずだ。

ところが、中国やインドはこうした技術を開発する時間や技術がまだない。なぜかといえば、太陽電池にしても、燃料電池にしても、高度な技術開発インフラと裾野の広い工業生産体制が整っていなければならない。そのため、高度技術力と大量生産力の両方が必要となる。なおかつ部品や素材などを供給できるだけのインフラが整っていなくてはならない。そうした国は世界の中でも数カ国しかないし、日本はその最右翼にある。

介護ロボットを輸出する時代がくる

また、前章でもふれた通り、少子高齢化は日本だけでなく、米国や中国、韓国などでも進行している。世界全体でみると要介護人口はいま現在でも2億人を超えるのではないか。

その中には、十分な購買力を持った要介護人口が存在する。だから、介護ロボットなども大きな輸出産業になる可能性が高い。そうなると、ロボットを作っている会社やセンサーを作っている会社などが投資候補としてイメージできるかもしれない。

要注意なのは、ロボットといっても、高度な技術の集合体だから、結果的に多くの技術を持つ大手メーカーが地保を固めていくケースが少なくない点だ。逆に、部品を作っている企業は買い叩かれてしまい、さほど恩恵を受けられない可能性もある。

最終的には、いままでもたびたび投資対象としてあがってきたような大手メーカーが投資候補として残る可能性が高いかもしれないね。

一方、地球環境悪化を防ぐための環境対策機器などに対するニーズも高まる一方だろう。たしかに、経済規模では中国やインドのほうが大きくなるだろうが、日本は高度の技術開発力や製品の主要部分のブラックボックス化（後述）で、その首根っこを押さえればいいのだ。

日本企業の中にはすでに中国やインドの企業と組んで環境防止装置を作り始めている企業もある。そうすると、実際の作業は中国でやっていても、日本側の会社の売上も立ってくる。その場合、収入名目は輸出代金ではなく、コンサルタント料というようにサービス化してくる。

また、デザイン力や機能美なども、経済力が上がって文化度が高まってこないとなかなか上がらない。例えば、デザイン的にすっきりとした機能美を持った北欧家具などが、世界に輸出できる産業となりうるのはそのためだ。

高付加価値や先端技術で、世界的な競争に勝てる会社とは

もう日本の製造業はダメなのか

経済が発展すると、テレビや車などの耐久消費財の工場が、需要が爆発する地域に移っていくのは当然だという話をしたが、かつての日本だって、テレビをいっぱい製造して米国などに輸出し、米国のテレビ産業がだめになったという時代もある。歴史が繰り返しているだけだ。

今後、中国などで需要が爆発し、製品を安く大量に生産したら、いずれは日本のメーカーもだめになるかもしれない。

だが、ここで押さえておきたいのは欧米のメーカーすべてが衰退したわけではないということだ。米国や欧州の会社の中にはいまでも日本より売上の大きい会社もたくさんあるし、技術レベルが高い会社もたくさん生き残っている。

たしかに、量販店に並んでいるのは安価な韓国や台湾メーカーが製造したテレビかもしれない。だが、それだけで日本の製造業がだめになると思うのは考えがあまい。

たとえば、液晶テレビに使うフィルムや偏光板などは、日本メーカーが他のアジア諸国を圧倒している。また、液晶パネル向けガラス基板を供給できるのは、米コーニングと日本のガラスメーカー2社くらいだ。こうした重要な部材は必ずテレビに組み込まれるから、たとえば、韓国のサムソン電子のテレビが売れれば売れるほど、部材メーカーの売上も伸びることになる。

また、燃料電池や太陽電池など次世代レベルの社会的ニーズの高い素材についても日本は対応力が整ってきている。ロボットにしても、ＡＩ（人工知能）やセンサーなどの技術はさらに進むだろう。将来的にも、素材産業や化学メーカーなどは、日本を代表する企業になる可能性が高いと思うね。

技術の流出防止がポイント

こうした流れを意識して、最近は技術流出を警戒して戦略的に「ブラックボックス化」を進める動きも目立っている。例えば、キヤノンは最重要部品については、特許を申請しない方針と聞く。また、部品を分解すると全部壊れるようにすることでブラックボックス化する会社もある。こんなふうに技術の流出を防げれば、技術力のあるメーカーは生き残れるだろう。

今後は、高付加価値のものはどんどん高付加価値になっていくだろう。それが成熟経済だ。耐久消費材の大量生産や低価格化競争では人件費が圧倒的に安い新興国に負ける。日本企業は必死に考えて新技術を開発したり、真似できないようにブラックボックス化したりして、結果的に高付加価値になっていく。

だから、研究開発に資金を投入し、的確に顧客ニーズをつかむことができれば、付加価値や先端技術だけで、日本企業が売上を画期的に増やしていくことが十分可能だと考えている。

自分が追求するテーマの中から有望銘柄を発掘！

ここでは長期投資家として、自分が30年以上追い駆けている3つのテーマについて話していきたいと思う。

もちろん、追い駆けたいテーマは人それぞれでいい。あくまで以下の3つのテーマは、私が注目しているテーマだが、自分なりのテーマを追い駆けるときの参考にしてほしい。

次世代エネルギーの開発や食料不足への対応、それに地球環境の保全は地球規模ニーズとして、今後も高まる一途である。その3点に焦点を合わせて、ずっと勉強テーマにしてきた。それと長期投資とがどう関係するのか、ちょっと紹介してみよう。

日本ではどの分野でも、ひとつひとつの要素技術の完成度は高いが、問題は現状ではコストが高すぎること。だが、食糧や原油価格などが高騰・高止まりすれば、これから紹介する新技術の価格は相対的に下がり、普及が一気に加速する好循環に入る可能性が高い。ビジネスとしても、投資対象としてもチャンスは大いにあるだろう。

① 次世代エネルギー

日本は抜群に優位な立場だ

「次世代エネルギー」は有望だと思う。というのも、石炭や石油、天然ガスなどの鉱物資源は埋蔵量に限りがあり、すごいスピードで限界に近づいてきている。確かに、石炭の埋蔵量は膨大だが、CO_2発生など地球環境悪化問題がずっとついてまわる。

それが、人が作り出すハイテクエネルギーともなると、工業生産ができ再生産可能エネルギー源となり、もはや鉱物資源に頼る必要がない。

ハイテクエネルギーのキーワードは「高度な技術開発力」と「工業生産力（質のよいものを安く大量に生産する力）」。この2つを併せ持って、はじめて次世代エネルギーの覇者になれる。

そう考えると、現段階の候補は日本を筆頭に、せいぜい米国やドイツ、フランス、イタリア、イギリスの6カ国くらいだ。ロシアや東欧の一部は潜在的な可能性はあるが、高度な技術力では先にあげた6カ国に比べて一歩劣る。それに、経済が急速に拡大中の中国やインドは、当面は国を挙げて持てる資源を耐久消費財の生産に向けるから、今は次世代エネルギーを開発する余裕はない。そういう意味では、日本は抜群に優位な立場にある。

現状でも、新エネルギーはいろんな分野で実現している。たとえば、工場の外壁に太陽電池を張り巡らして発電したり、地下に燃料電池を置いて発電したり、あるいはオフィスの熱（ＰＣや人が出す）を、エネルギー源に変換したりすることもできる。燃料電池スタックや太陽電池用シリコンウエハー、色素増感型と呼ばれる新しい太陽電池など、新しい技術開発もどんどん進んでいる。

これはデカい相場になる！

あとは、こうした技術をいかに工業化し大量生産するかだ。価格がまだ割高なことと、税金など政策的インセンティブの問題もあるが、原油が高止まりしているので、相対的に新エネルギーは競争力を高めつつある。

新エネルギーの普及がはじまれば、価格はさらに下がり、普及が加速する好循環に入るはず。ニーズが爆発的に高まれば、ビジネスとしても、投資対象としてもチャンスは大いにある！

もし、私が日本の首相なら、次世代エネルギーの開発・普及と生産体制確保に、30兆円の予算をぶち込んで、一気に軌道に乗せてしまう。いったん世界をリードしてしまえば、国家戦略上とてつもないバーゲニングパワー（交渉力）を持つことになり、政治的にもプラスになるはずだ。

おまけに、経済活性化にもなるから、いらない道路を作るよりも、絶対に賢い選択だと思うけどね。だが、こうした次世代エネルギーの普及に対して予算をどんどん増やしたり、政策的に強力支援しているドイツに比べて、日本では国家的な意識も理解も遅れているのはなんとも残念だ。

過去に、エネルギー株の中でも石油関連は吹いたけれど、私が注目する次世代エネルギー株はまだそれほど動いていない。だが、原油価格はジリジリと下値を切り上げてきている。国民の間でも、次世代エネルギーへの期待度は高まる一方だ。徐々に代替エネルギーへのシフトが見えてくるはず。これが相場になったらデカイと思うよ！

②食糧

食糧不足の解決策はあるか

１９００年初頭の地球の人口は16億人だったが、２００７年には66億人を超えた。２０５０年には90～１００億人になるといわれる。今でも穀物を作る農地が足りずに猛スピードでジャングルを切り開いて農地に換えていて、これが恐ろしい勢いで砂漠化をもたらしている。

人口が増えていけば、穀物としての食料確保のニーズは止まることなく高まっていく。その上で、肉を食いたい魚を食いたいという具合に贅沢をするようになると、耕地が絶対的に足りないと言う問題にはいずれ直面するはずだ。さらに、最近の異常気象により世界の穀物在庫は減っている。

発展途上国が豊かになることによる需要増も考えると、予想以上に早く食糧危機が起こる可能性もある。

では、絶対的な食糧不足をどう解決していくのか。解決策の1つに食糧工場がある。将来的には、太陽エネルギーをたっぷり受けられる熱帯地方まで食糧工場船を海に浮かべて運ぶ。そこで、太陽光で発電しながらコンピュータ制御で昼夜を人工的に作り、海水を淡水化して稲などを大量に水耕栽培するといったことも夢ではないと思うよ。

光や温度、湿度、栄養など、植物の成長に関わる全てを自動制御することで、天候に左右されずに穀物を計画的に生産できる。今でも背の低い稲を作る技術はあるから、工場で何段にも水耕栽培をすれば、すごく効果的に米作りができる。もちろん、年3毛作も可能だ。それに、工場はクローズドシステムにして、害虫や稲の病原菌を排除するから農薬もいらない。

日本ではすでに100を超す企業が食糧工場の研究・開発に携わっている。工場生産に必要なひとつひとつの要素技術の完成度は高いのだが、問題はビジネスにするにはコストが高すぎることだ。

食料工場が事業として成り立つ条件

現状は設備投資等も考えると、まだ水田の開墾や焼畑で農地を作ったほうが安い。だが、私は原油価格がここまで上昇したように、食糧も需要が高まっており、いずれ価格が急騰すると思っている。たとえば、すでにバイオエタノール燃料に使うトウモロコシ価格が上昇したりしているよね。

このまま食糧価格が上昇し続け、ついには価格が暴騰して「下方硬直性」をもたらしはじめたら、食料工場は突然事業として成り立つようになるだろう。今でもカイワレ大根やシメジなどは工場で生産しているが、価格の問題さえ解消されれば、ほかの穀物も同じように工場生産できるようになるだろうし、あっという間に広まるよ。

日本は農地がないゆえに、限られた土地で高い生産性を実現する農業技術では、欧米よりも研究開発が進んでいる。企業で言えば大きな構造物を作る能力を持つ、あるいはコンピュータ制御の技術を持っているとなると、造船や鉄鋼会社なども食料工場の有力候補になるかもしれない。

一方、高付加価値の食料に対するニーズもますます高まっている。とにかく食べなくては生きていけない穀物に関しては大量生産ができるプラントを作るが、それ以外のものは自然流に戻りつつあると思う。

例えば、乳牛や肉牛、豚、鶏などで大量の飼料を与えて大量生産する方法から、自然放牧の認識が高まりつつあるのはいいことだ。あるいは、今まで減反していたところを放牧の場所として使ってもいい。

魚も従来の海の中にイケスをつくって魚を育てる方法ではなく、いい海水だけを使ってできるだけ栄養剤を入れない形で、陸地で養殖をしているところもある。

今は農協という時代適合性を失いつつある仕組みがあって、農業保護政策で大量の税金を投入するという図式に、日本の農業全体が自縄自縛にあっているようなもの。一部では、生かさず殺さずの状態に置いている農家の収入を吸い上げて、農協職員が食っているとも言われる。

本当に農業生産にそれだけコストがかかるのか、日本の農業は自立できないのか、原点に戻って考える必要があるだろう。

農林水産業は未来の成長産業だ

個人的には、農林水産業はすごい成長産業だとみている。だって、地球規模のニーズ高まりで砂漠化も環境悪化も食糧不足も、エネルギー不足もみんなつながっている。ニーズが高まれば高まるほど、解決法の幅は広がるし、そちらにお金が動いてビジネスに反映されるはずだ。

その典型例が日本の農業だろう。日本は自給率が低いので、税金で農家を救わなくてはいけないといわれるが、実際には農協とそれにつながる巨大な組織を太らせているだけという面も否定できない。この際、それを断ち切る必要がある。農家にとっても、高い肥料や機械を買わされて、ローンに追いまくられることから解放されないとね。

農林水産業が成長産業というのは本当だが、いまのままではダメだろう。税金頼みが染みついて自立できていないからだ。

成長できるのは、自立した農林水産業だ。つまり、税金頼みや農協頼みではなく、自分たちで考えてみてほしいね。地球規模のニーズの高まりに対して、解決策を考えていけば、意外に大きなものに育つ可能性は十分ある。

少々キツい話をすると、経済のグローバル化が進むから、普通の耐久消費財に関しては中国やインド製品が安くどんどん入ってくる。そうなると、日本の工場で働いている人々の賃金が減るのは避けられない。我国よりずっと低賃金の国がもたらすデフレ圧力に追いまくられるわけだ。その先を考えると、いずれ工場労働者や、都会生活者の一部は生活が厳しくなっていくのを覚悟しなければならなくなるのだろう。

逆に、農村では人が足りなくて労賃は上がっていく。意外に農業のほうが（都会の低所得者よりも）収入が高いという現象が起きて、都会から田舎に戻る現象が起こってくるのではないか。そうなると、安い労働力が田舎に還流することもありえるわけだ。そういった新しい流れに乗って、農協なども組織を簡素化していけば、現状の高い農業製品の価格を引き下げることは十分可能だと思うよ。

③ 環境

自動車の構造が劇的に変わる？

環境も、食糧と同じで根本的な問題は何も解決していない。それどころか、地球上に住む人口の増加と豊かな生活へのあこがれから、問題はどんどん深刻化していく方向にある。

この分野では、これから環境機器メーカーに止まらず、広く化学といったセクターなどもソリューションの主役になっていくだろう。要は、基本的な技術のすぐれた会社が最後には本流になっていくと考えている。裾野が広いから、製造業などはみんな潤うのではないだろうか。

たとえば、話題になっているところでいうと、製造工程で廃棄物ゼロが常識のようになってきている。これはさまざまな技術が蓄積されてきた結果だ。普通のごみも含め分解しては、諸成分をどんどん再生していく方向で、世の動きは早まっている。この面では将来、新しい技術が出てくると思うよ。

下水や家畜の糞などでも、現状では、ものすごい量を処理しなくてはならない。そうした廃棄物を有効に利用することで、地球資源の無駄遣いや環境の悪化を止めることが進んでいる。たとえば、家畜の排せつ物や生ゴミ、木くずなどを再生可能な有機性資源（バイオマス）やエネルギー源として利用したりしている。こうした動きがあちらこちらで出てきているから、注目してみるとおもしろいと思うよ。

また、米国の場合、エネルギー消費の約5割を自動車が占めている。仮に電気自動車にシフトすれば、ガソリンの需要は半分になる。

将来的には、自動車の構造が劇的に変わってしまう可能性もある。モーターと電池だけで、いまの技術がほとんどいらなくなるかもしれない。たとえば、エンジンやクラッチ、トランスミッションやデフなどが不要になる。そうなると車の形も相当変わるね。既存の自動車メーカーとしては、今ある技術や設備を最大限に活かしたいのだろうが、電気自動車が本格的普及段階に入ってくると、相当な覚悟で対応を迫られることになる。

「ありふれた銘柄群」の中に、キラリと光る会社が隠れている

毎日お世話になってる会社があるはず

さて、自分なりに追い駆けている3つのテーマについて、ほんの一部だけ説明してきたが結構おもしろかったのではないだろうか。同じノリで、意外に注目してみるとおもしろいのが、日々の生活経済を下支えしてくれている「ありふれた企業群」だ。

世の中には日々の生活の中でみんながお金を払ってくれるような産業・会社がけっこうある。

「ちょっと見では儲かりそうにないが、毎日の生活にどうしても必要な企業」

「なくなったら困ると思える商品やサービスを提供している企業」

――などに焦点をあててみてはどうだろうか。

だって、「どうしても必要で」「なくなったら困る」と思える会社に対しては、われわれは日々の生活で毎日お金を支払っているはずだ。つまり、日々の消費で、それらの会社の売上拡大に貢

献している、とみることができる。それって、投資家の誰もが必死に追い求める業績向上の、確かな徴候ではないか。

別に、難しく考えることはない。毎日の生活で、「これもあれも、すぐ手に入る。ありがたいな」という気持ちでまわりを眺めてみよう。実に多くの企業のお世話になっていることに気づくはずだ。

成長産業では勝ち組を見つけるのが難しい

では、なぜ「ありふれた銘柄群」なのか。一般的に投資家は成長力の高いセクターや、大幅な利益増加が期待される銘柄を発掘しようという気持ちになる人が多い。ともすれば、それが株式投資の肝《きも》と思いがちである。

だが、成長産業はものすごい成長発展の可能性がある半面、会社間の競争が激しい。いくつかの会社が淘汰されていっても、新規参入する会社が後を絶たないので、いつまでたっても勝ち組が見つからないのが特徴だ。もちろん、2年3年ほどは覇を唱える企業も出てくるが、長い間にはいつしか消えていく。これでは、とても長期投資などやっていられない。

そんなわけで、IT産業にしても、激しい淘汰が行われている間は、勝ち組を見つけるのが難しいので、われわれは手を出していない。その業界や技術に精通している人でも、「最終的にどこが勝ち組になるか」を見極めるのはキビしいだろう。

そうした成長分野や業界を追い駆けていると、いかにも〝専門家っぽく〟みえてかっこいいのだが、〝専門家っぽく〟見えたからといって、長期投資で買ってそれなりの利益を出せるとは限らない。むしろ、その逆だ。

「成熟産業」から銘柄を探すほうがラク

そこで、視点を思い切って変えてみてはどうだろう。成長産業にはそれほど重きを置かず、どちらかといえば古い産業ということで、投資家や市場関係者から見向きもされない分野が、意外とおもしろい。つまり、成熟産業の中から長期投資対象を見つけるのだ。もう既に勝ち組がはっきりしている「成熟産業」は新規の参加者がいないから、ある程度のシェアをにぎった企業は生き残っていける。

コスト意識を強く持って経営していけば、それなりの利益も出せるから、十分投資対象になる。こちらの中から銘柄を探したほうが実はラクなのだ。

それに、延び盛りの成長産業と比較すると、さほど利益が伸びなくても、株価だけはいろんな理由で跳ねたり、急落したりしてくれる。だから、安くなったときには買えばいいし、高くなったら売ればいいだけの話。

たとえば、日本でも自動車は5～10年も乗れば買い替えるし、世界中を見渡すと車に乗っていない地域はまだまだある。ずっと以前から成熟産業といわれ続けているが、結果的には申し分のない利益成長を続けている。また、ＩＴ化が進んでも紙の使用量は減るどころか、むしろ増えているくらいだ。

あまりに当たり前すぎて投資対象として考えていない人も多いかもしれないが、コスト削減や技術革新など、人知れず隠れた努力を重ねているのがこうした業界だったりする。じっくりと観察していると、下手な成長産業よりはるかにダイナミックな経営を続けている。将来の発展可能性を想像すると興味深いと思うよ。

また、毎日家庭から出るゴミを処分する施設も日々の生活に必要なものだ。このゴミ処理施設は大型化の方向にあるが、地方自治体は財政赤字を抱えているため導入を先延ばししている。だが、施設は日々老朽化しているから、ずっと先延ばしにするわけにもいかない。市町村合併が進んだ結果、どこかで需要が爆発するのではないか、とイメージしていくこともできるだろう。

このように、日常の生活を見回してみて、自分で「ありふれている銘柄」のリストを作ってみてはどうだろうか。我々の毎日の生活で発生する、消費という大きな需要に乗っかっている企業群の中から、きっちりと低コスト経営に徹している企業を探し出す。

そうした企業なら、どんな状況下でもそこそこの利益は計上できるはず。これが投資リターンの源泉である。あとは、「どう考えても世の中に必要」と思えるモノやサービスを提供している企業の株が、市場で見放されている時に買うだけである。

身の回りからイメージを膨らます方法

ありふれた産業といっても、いまひとつ分からない人は、身の回りの生活を考えていくと、いろいろ想像できる。

たとえば、毎日口にする「水」を考えてみても、さまざまなことがイメージできるだろう。まず、ちょっと大きめの白い紙に「水」と書いてみる。そして、10年先ぐらいを連想して、思いついたことを次々と書き込んでいこう。それがだんだんとフローチャートのようになっていくと分かりやすくなる。

フローチャートを作成しようということで、連想を伸ばしていこうとしても、わからないことや知らないことも多いはずだ。そこで、ちょっぴり勉強することにもトライしてみてほしい。

といっても、その分野の難しい勉強をすればいいわけではない。むしろ、イメージを膨らませることができるように、さまざまな角度から自由自在に思いを遊ばせてみることが重要だ。

そうして、自由にしなやかに連想を伸ばして好きに書き込んだ紙面を眺めながら、できるところから順に、論理的に裏付けていくのだ。こうした思考方法に慣れてくると、徐々に銘柄発掘にたどりつくようになるはず。こんなトレーニングを繰り返すことから始めてみよう。

成熟経済に移行しても利益が出せる銘柄を見抜く

日本企業の体質はこう変わった

高度経済成長期にはどんな会社もそれなりに成長していけた。ところが、成熟経済になると、成長を続けられる企業と脱落する企業がはっきり分かれてくる。長期投資では、これから伸びていく勝ち組企業を見極めて投資することが大事だ。

最近は日本企業の中でも、経営全般を徹底的にスリム化させて強さを一段と高めた企業が増えてきた。90年代の不況を自助努力で乗り切って復活した会社は大いに期待できるが、単に景気回復の波に乗っただけという会社もけっこうある。こうした会社を選んではダメだ。

右肩上がり成長の時代には、どんどん土地を買い、最新式の設備を導入して、新卒を大量に採用するのが企業経営の鉄則だった。伸びる一途だった国内需要を先取りした拡大経営をしていれば、いくらでも成長できた。

ところが、バブル崩壊後に多くの企業は過剰設備に苦しんだ。そこで、一部の会社は余った土地を売却して支払い利息を減らし、余剰人員を減らすことを推し進めた。そして、固定費全般を削減することで損益分岐点を下げ、売り上げ拡大に走らなくても確実に利益が出せる体質に変身したのだ。

これから欧米のような成熟社会に向かう日本では需要の伸びが鈍いのだから、このように固定費（経費）を思い切って下げる必要がある。コストを思い切って下げることで、資金的にも余裕が生まれるため、脱落していく同業他社の人材や設備、技術などを買い取って、ますます強くなっていけるのだ。

筋肉質の強い会社かどうかを見極めるには「付加価値分析」という手法が適している。企業の付加価値を各項目毎に細分化して、長期にわたって分析していけば、企業の利益構造がわかるからだ。経費部分が確実に減っていて、利益が増えていくであろう会社を探し出すことで、自信を持って投資できるようになる。

成熟経済ではとにかくコスト削減

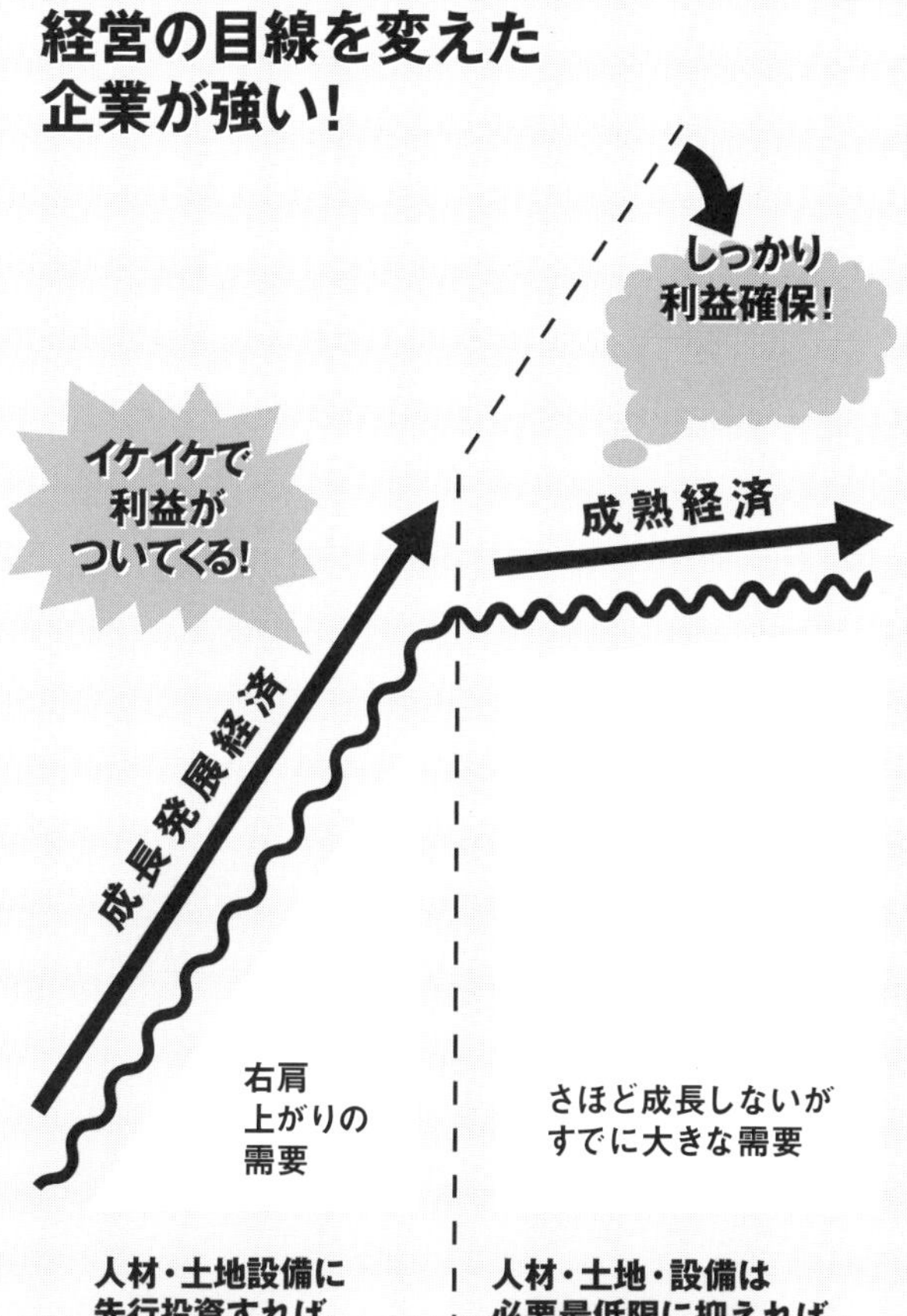
先行投資すれば
利益も拡大
必要最低限に抑えれば
利益は確保できる

付加価値の変化で利益が増える会社がわかる

ここで、私がもっとも役に立つと考えている企業分析の手法を紹介しておきたい。それが、付加価値分析。付加価値の内容を継続的に観測して、そこから「経営の意思と実行力」を読みとるための分析手法のことだ。

そもそも、付加価値は「企業が事業を通して1年間に、どれだけの富を生み出したか」を表している。具体的にはふたつの部分、社会に還元している部分（＝費用）と、自分たちがあげた利益（＝経常利益）をすべて足したものが富（＝付加価値）となる。企業はこの付加価値を拡大するのが第一。さらに経費の数値を減らすことができれば、相対的に利益として残る部分が増加する。

「付加価値額」というのは、企業が事業を通して1年間にどれだけの富を生み出したかを数値化したものだ。人件費、減価償却費、支払利子、賃借料、租税公課（税支払額）などの「経費部分」と、「利益」とで構成される。

構成項目の変化には経営の意思と実行力の度合いが表れるので、これをきちんと読み込めば、利益が出るスリムで筋肉質な勝ち組企業がわかる。

付加価値ってなに？

付加価値分析は、付加価値の内容を断続的に観測して、そこから「経営の意志と実行力」を読み取るための分析手法だ。企業はこの付加価値を拡大するのが第一。さらに経費の数値を減らせれば、相対的に利益率が上がる。

付加価値 ＝ 経常利益 ＋ 経費

経費は以下のように分類される

⇓

人件費

製造原価の労務費や販売費および一般管理費の役員報酬・給料・賞与引当金繰越額・退職給付費用、研究開発費の賞与引当繰入額・退職給付費用、福利厚生費など

賃借料

製造原価の賃借料、販売費および一般管理費の賃借料など

減価償却費

有形固定資産の当期償却額や無形固定資産の当期償却費など

金融費用

支払利息や社債利息、社債費・発行差金償却など

租税公課

製造原価および売上原価の租税公課、販売費および一般管理費の租税公課・事業税支払い・引当金繰上額、営業外費用における租税公課など

企業の「有価証券報告書（有報）」から上記の項目を抜き出し、年度ごとに集計していく。できれば10年分の報告書が欲しいところだが、入手は難しい。企業のWebサイトや「EDINET」には通常5年程度は存在するので、そこから試してみよう。

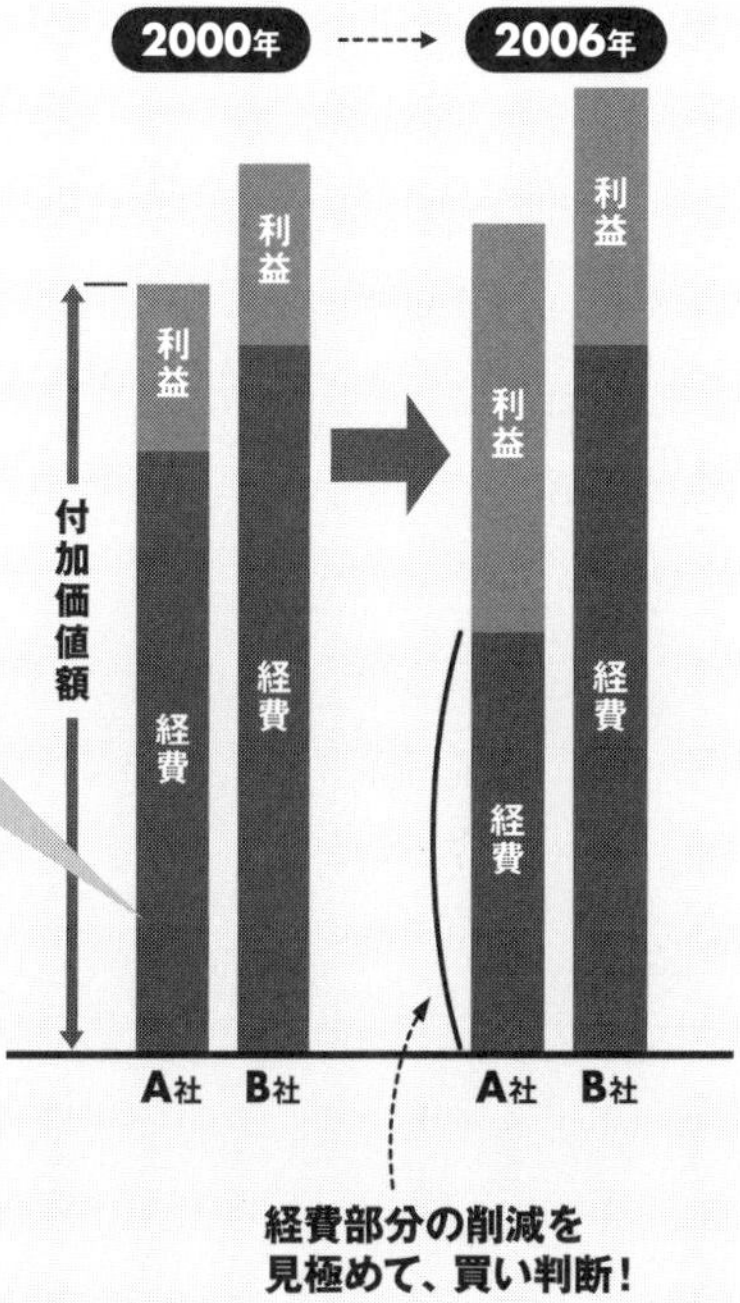

先に説明したとおり、バブル崩壊後、「新規需要を期待した投資は止め、〝日々の生活に存在する需要〟に向けた商売をしよう」という経営者が出てきた。

土地の売却で支払利息や固定資産税を減らし、余剰人員を減らし新規採用を抑制、オフィスの賃借料も減らす――このように経営コストを削減すれば、損益分岐点が下がるので、売上拡大路線に走らなくても利益が出るようになる。

また、高度成長期では大企業は大企業なりに、中小企業は中小企業なりに成長していける。つまり、脱落企業はそれほど多くはなかった。ところが、成熟社会になるほど成功する会社と脱落する会社がハッキリ分かれてくる。大企業といえども例外ではなく、いくらでも脱落していく。

そうすると、脱落した会社から人材や設備、技術、組織がどんどん勝ち組企業に吸い上げられていく。既存企業の人や設備を自社の成長に取り込めるので、勝ち組企業は短期間でますます強い企業になっていく可能性が高い。

こうしたダイナミックな成長を成し遂げられるのは、固定費（経費）を思い切って下げて利益を積み上げた、資金的に余裕のある会社だ。現金があるから、M＆Aや事業部門買収などを通じて、脱落組から必要なモノを吸い上げられる。

こうした勝ち組を見分けるのに付加価値分析ほどハッキリした投資の判断材料はない。最低でも5年、できれば10年以上の有価証券報告書をみて、付加価値の構成項目の数字を拾って統計用紙に書き出してみよう。企業に投資しようと思うなら、これくらいの汗はかいてほしいね。「これは」と思う企業の付加価値分析を20〜30社やってみてほしい。その中で有望な6〜7社を発見できれば、かなりの投資成果があげられるはずだ。

投資先として最高なのは付加価値を増やしながら構成項目がガラっと変わっている会社だ。つまり「経費部分」が確実に減っていて、「利益」が増えようとしている会社だ。そういった会社は即刻、「買い」だ。

トレンドを見てから予測を立てる

付加価値分析をみるときには、まず大きな趨勢《すうせい》（トレンド）を捉えよう。具体的には、付加価値額や各経費項目、付加価値に占める経常利益の割合などを時系列でみていく。

投資先候補になるのは「付加価値額を増やしながら、経費項目が減っている会社」だ。同時に、売り上げに占める付加価値額の比率も確認しておこう。この比率が増えていれば、規模の拡大以上に富の獲得が拡大している、ということだ。

付加価値をみると、それほど増えてはいないが、一方、付加価値に占める人件費や賃借料、減価償却費などの比率はすごい勢いで下がってきている会社があるとしよう。このことで、利益を出しやすい体質になってきたのがわかるはずだ。

トレンドがわかったら、次に先を予測してみよう。この例の場合、現状では設備投資を抑え気味にしている。しかし、次の投資拡大サイクルに入ると、減価償却の比率が増えるだろうとみることができる。設備投資が増えることは利益圧縮要因であり、その結果として減益になれば株価は下がるだろう。ところが、この会社は利益を出しやすい会社になっているから、そのときこそ買いだ――というふうに予測が立てられる。

このように、長期にわたって書き出した付加価値分析シートは〝将来を予測するための材料〟といえる。例えば、「減益」という事象だけをみれば、一般的に投資家は「売り」という行動をとってしまいかねない。それが、こうした地道な作業を行うことで、他の投資家が売っているときでも、自信をもって買うことができる。

数字を追うと経営の意図がわかる

最近は設備投資を増やす会社も増えてきた。しかし、経営のスリム化を行ったうえでの投資か、景気がよくなったという流れに乗っただけなのか、この付加価値分析をすれば一目瞭然となる。

また、新聞で「大量採用」の文字をみると人件費が急増すると思ってしまう人が多い。だが、付加価値分析で直近までの人件費の大幅な削減が確認できれば、定年や早期退職者など高コストの人材が減っていて、給与水準が相対的に低い新卒を新たに採用しているんだといったこともイメージできる。頭だけで考えずに、実際の数字の動きを追うことが大事だ。

「これは」という銘柄があれば、最低5年間（できれば10年以上）の有価証券報告書をみて、自分の手で付加価値分析シートを作成してみよう。そうすれば、「投資対象になるか」「投資するタイミングはいつか」――などが実感としてつかめるはずだ。

コラム④ なぜ銀行に投資しないのか？

銀行に投資したい人はすればいい。でも、さわかみファンドとしてはまだ買えないね。それは、今のところ応援したいという気になれないからだ。

その理由は3つある。1つは税金を払っていないこと。税金を払った上で利益が出ているならすごいけど、(一部を除いて)税金も払っていないんだよ。

それを株式市場では、銀行の利益水準が戻ってきた、日本を代表する製造業のトップ企業と肩を並べるほどの利益額だとはやしている。とてもではないが、そういった表面上の業績を評価しただけの投資にはついていけないね。

2つ目は、将来に向けてのビジョンがみえてこないことだ。消費者金融を傘下におさめて利益をカサ上げしようとするかと思えば、法改正でグレーゾーン金利が規制されると今度は手放そうとする。

あるいは不動産ブームだからと大量にREIT(上場不動産投資信託)を買い漁る。これでは、どこに将来戦略があるのかみえてこない。

たしかに、今は投信や変額年金などをどんどん販売して、手数料収入が入るから高水準の利益を計上している。だが、銀行から見たら〝おいしい〟商売であっても、手数料を支払うのは投資家や一般生活者だ。そういった人々がいつまでも銀行の手数料稼ぎにお付き合いしてくれるだろうか。常識的に考えて、そうした状況が永遠に続くと思うのは甘いね。

そして、3つ目はもっと根本的なこと、「貯蓄から投資へ」という流れだ。これまでは個人がお金を預けるのは預貯金が中心だったから、当たり前に銀行にお金が入ってきて、銀行はそのお金を運用できた。ところが、「投資へ」の時代では定期預金を取り崩すなど、銀行からお金が流出して行く。つまり、企業融資や住宅ローンなどで運用する原資が減っていくことになる。

長期投資というのは「社会的価値を創造できる会社を応援しよう」というのが本来のスタンスだ。しかし、今の銀行は申し訳ないが、これにまったく当てはまらない。

だって、「税金を払っていない」ことは価値をまったく生み出していないし、将来ビジョンが明確でなければ、価値を生み出せない。そして、「貯蓄から運用へ」の流れで預金が流出すれば、価値を生み出す源泉が減ってしまう。これらを払拭できてからでなくては、銀行に投資しようとは考えられない。

私は銀行が価値を生み出すには3つの方法しかないと考えている。

1つ目は「きめ細かな融資」に徹することだ。小口に分けて融資することでリスクを分散しつつ、中小企業の資金繰りを手伝うことができる。ただし、そのためには自己資本を高めて銀行経営を安全にしておく必要があるだろう。

2つ目は投資銀行業務に特化することだ。それには自己資本比率70〜80％を保ち、ほぼ自己資本だけで他人資本（預金）なしに大きなリスクを取れることが必要。行員は超優秀なスタッフ200～300人程度で十分。

3つ目は信託銀行業務に特化することだ。投信や年金といった信託財産の受託管理業務に絞ってしまう。

このいずれかに特化する銀行であれば、応援したくなるけれど、今の日本の銀行は3タイプの悪い部分だけ集めているような状況だろう。自己資本は少ない、大企業中心に低い金利で大きな資金を貸そうとする。投資銀行のマネごとはやっているが、人の数が多すぎるから高コストでスピード感もない。そんな経営に「投資しよう」とは思わないよね。

第5章

このリズムがわかると長期投資はうまくいく！

景気のピーク（売り時）はいつなのか

株は景気が悪いときに買って、景気が良くなったときに売るのが基本だ。では、景気のピークを見極めるには、どんなところに注目すればいいのだろうか。

ピークを見極める必要はない

相場でも景気動向でも、「ピークはいつか」など考える必要はない。投資は安く買って高く売るだけだから、安く買っていればどこで売ってもいい。それに、人の心理などの揺れや動きを読むわけだから、「見極める」という言葉上のものではない。全神経で感じ取るものだ。

株式の格言に「山高ければ谷深し」というのがあるが、「谷深ければ山高し」で、現在進行中の上昇相場はデカイと思う。普通の景気よりかなり大きくなるのではないか。きっとインフレまで突き進むとみている。だとすると、ピークを見極めようといっても誰にもわからない。

それに、実は景気のピークを見極めようとしても、まったくといっていいほど意味がない。株価は常に経済より半年～1年は先取りするわけだから、見極めてからでは遅いのだ。

だから、経済のうねりを「先取り」するという意識を持とう。「世の中やたらと跳ねているな」「過熱してきたな」と思ったらそこが売り場。たとえば、町全体がやたらと活気づいてきたり、女子高生がえらい贅沢しているなと感じたりしたら、「そろそろ利食いを考える時期かもしれない」と思ったほうがいいだろう。

やってはいけないのは、せっかく直感に従って売るという行動をしたはずなのに、さらに景気がよくなっているといって、また買い戻すこと。

なぜなら、「不景気に買って、景気よくなったら売る」を繰り返していたのに、一度でも上値を追い駆けてしまうと、〝相場追い駆け型〟の投資になってしまうからだ。そうなると、経済の動きを先取りする長期投資のリズムがなくなってしまう。

だから、つらいけど、景気サイクルを読んで1回売りに入ったら、買いは次の不景気まで我慢しておこう。次の不景気で目一杯買えばいいのだ。長期投資はリズムが大事。「不況時に買っては、景気回復をみて利益確定に入る」を3回くらい繰り返すと、景気の流れに乗っかっていく売り・買いがだんだん身についてくる。

長期投資では買いどきが大切

買うのは「株価」ではなく「会社」

長期投資では「いつ売るか」よりも「いつ買うか」が大切だ。ホントは応援したい会社なら、いつ買ってもいいのだが、安心して長く持つためには「安いところで買っておく」ことが大事だからだ。

そのためにも、キホンは暴落のときに買うこと。

景気が回復歩調を強め、上昇相場に入ってからでも、年に2～3回は株価全般がドカンと下がってヒヤリとする場面がある。そういう場面を狙いすまして買っていけばいい。株価は上がれば上がるほど、一時的な暴落なんていくらでもある。そこで慌てて狼狽売りをする人と、「待ってました」と買える人では、将来の投資成果に大きな差がつく。

それに、狼狽売りしてしまうのは、本当に応援したい会社を買っていない証拠。社会的に必要で、心から応援したい会社を買っていれば慌てて売ることはないはず。

株式投資の基本は〝株価を買う〟のではなく、〝会社を買う〟ということを、暴落時にもう一度思い出してほしいね。

ガクンと下げる局面こそがチャンス

一方、様々なニュースなどで一時的に株価が大きく下げる場面も買い時の1つだ。例えば、外為市場が突然の円高にふれて、輸出企業が過剰に売られたときなどは迷わず買っていけばいい。

また、最近は四半期決算で目先の業績が予想を下回ると、会社の本質的な価値は変わらないのに、機関投資家などから売りが出て株価がガクンと下がる。これは機関投資家が市場予想に達しなかった会社の株を機械的に売るためだが、長期投資家にとっては年に4回の願ってもないチャンスをもらえる。

安い時に株をたくさん買い、株価が上がってきたら少しずつ売って現金化していく。そして、暴落の時に思い切って（安くなった）株をまた買っていく。長期投資ではこうした「買って、売って」をリズムよく行うことが成功の秘訣だ。

“相場追い駆け型”から脱皮する

遅れて波に乗るのは最悪

投資といいながら、大きく値上がりしそうな銘柄に飛びついて、値上がり益を狙おうとする人がまだまだ多い。いちばんやってはいけないのは、相場がフィーバーしているときに飛び乗ることだ。

例えば、１９９９年夏から２０００年春にかけてのＩＴバブルのときも、情報通信セクターやネット関連の小型株が大きく値上がりするなど、大相場を展開した。だが、99年8月24日に設定されたさわかみファンドとしては、98年10月から続いていたハイテク相場に今さら乗る気にならなかったので、当然これらは無視したね。

もちろん、ＩＴ革命などを否定するつもりは毛頭ないが、フィーバーに乗る気がなかっただけのこと。だから、我々はハイテク株とＩＴ関連株のバブル相場が暴落を迎えた２０００年夏以降、ソニーや富士通といった「ＩＴ」の代表銘柄を買っていった。ずいぶんと安く仕込むことができた。

こう説明すると「逆張り」という人もいるが、そうではない。応援できる会社を、いつでも何度でも安く仕込むだけのことだ。

自信をもった銘柄なら集中投資もＯＫ

個人が「分散投資」で失敗するパターン

株にどれくらいお金をつぎ込むか、預金にどれくらいお金を残しておくかは、あくまでも自分自身の判断だ。

「お金が減るかも…」と不安に思う人は、無理せずに預金に安心できる金額を残しておけばいい。自信のある人は、積極的にお金を株に回してもいいだろう。

私なら、こんな超金利下では98％は株を買って、預貯金は２％くらいにするけどね。けれど、これは株を持っていてもニコニコした状態でいられるから。神経質な人は無理をする必要はない。株式投資では心を落ち着けて、腰を据えた投資を行うことが大事だ。そのために前章で紹介した付加価値分析をするなど、自分が「これは」と自信を持って買える銘柄だけに投資する必要がある。

ところが、個人投資家の中には〝何となく〟複数の銘柄に分散投資している人も少なくない。そういう人は「株が上がった」といっては大騒ぎしたり、「下がった」と言っては真っ青になって、本格的な上昇前に見捨ててしまったりするケースが多い。

それぞれに関連性・方向性がない銘柄をあれもこれもと持っているから、ファンダメンタルズも調べきれないし、株価の動きを追うのもキツい。それでは、ゆったりした財産づくり投資はできない。

むしろ、「これは」と思う銘柄がある人は集中投資してもいいと思うよ。私も仕事としては複数の銘柄を買っているが、個人で投資するなら同じ銘柄を売買したい。

例えば、Aという会社が有望だと思えば、安いところで買って高くなったら5分の1くらいを残して、すこしずつどんどん売っていく。そして、安くなったらまた買い増す。これを繰り返すね。

集中投資をしていると、その銘柄に対する土地勘みたいなものが出てきて、結構リズムよく売り買いすることができる。むしろ、1単元ずつたくさんの銘柄を持っているほうが、売り買いするのは難しいかもしれない。

大前提は本業の利益が伸びていること

ただし、銘柄選びはあくまでもファンダメンタルズを重視すべきだ。つまり本業の利益が伸びていることが大前提。

成熟段階に入った経済では売上の伸びを期待するよりも、コストを下げるほうが利益を押し上げる確実な要因になると私は考えている。コスト低減意識が高く本業の利益がすこしずつでも伸びる会社であれば、株価が安いところで自信を持って買っていける。

逆に、株式市場で話題になってるテーマや法律改正などは無視してかまわない。そうした要因で株価が上や下にブレることはあるが、一時の話題に乗って長期の財産づくりを期待しても仕方がない。

上に大きくブレたら一部利益を確定すればいいし、逆に株価がドスーンと下げたときには買い増しをすればいい。テーマはあくまでもオマケだ。

お金持ちのゆったり運用から学ぼう

ひとつ参考になるのが〝お金持ちの運用〟だろう。お金持ちは意外と単純な投資をしている。「自分のわかるもの・よく理解できるもの」にしか手を出さない、と米国最高の投資家と称されるウォーレン・バフェット氏も言っているとおりだ。

誰がみてもすごい会社を、安いときに買って、あとはじっくり保有していれば、結果的に会社ががんばって投資価値を高めてくれるので、「時間が経ったらお金が増えていた」という感じだ。買う株も極めて普通。誰でも知っている、例えばトヨタ自動車のような会社を買っているケースがほとんどだ。

だが、トヨタ自動車だって、2005年5月の3790円から06年4月には6950円と1・8倍になっている。06年6月の5430円から07年2月の8350円でも、1・5倍と悪くない。安いときに買っておけば、十分に財産づくり運用はできるのだ。逆に、お金持ちで「新興株で一発当てた」という人はあまりいないね。

お金持ちは意外と集中投資をしているケースも多い。例えば、資金が2000万円くらいあったら、暴落時に1つの銘柄にドーンと投資する。それで2倍にできれば、4000万円になる。

同様に投資をすると、今度は８０００万円になる。こうしていくと、気づいたときには億単位の投資をしているようになる。よく慣れ親しんだものを買っているから、金額が大きくなっても集中投資が怖くない。

同じく、さわかみファンドもお金持ちの運用をしているつもりだ。一般のファンドは販売サイドへの気づかいもあって、短期的な運用成果をあげようとするので、お金持ちの運用はむずかしい。

でも、さわかみファンドは普段は鷹揚《おうよう》にかまえて、暴落時に大量の資金を投入してドカンと買っていく。まさに、お金持ちの運用と同じでしょ？　おまけに、営業を一切せずに、運用方針を分かってくれる投資家顧客だけが集まってくれているので大量解約がない。安定的に資金が流入する、お金持ち運用のできる仕組みを作っていることが一番大きいと思うね。

個人でも、草の根的にこうしたお金持ちの投資手法を学んで、投資している人は増えている。今後はもっと増えるのではないかな。

暴落したときにニンマリ買えれば本物

買った後に株価が下がっても気にしない

投資したい会社があるのは幸せなことだ。ただし、すぐに買わないで、年に何度か株価全般が暴落したときに買うといいと思うよ。

株式投資はあくまで「会社を買うこと」。株価を買うわけではない。だから、本来はどこで参加してもいいが、どうせ参加するなら、みんなが売りまくっている時に買うのだ。そして、それを手土産に熱烈なる応援団として、参加したほうがかっこいい。

逆に、上昇相場が続き皆がガンガン買っている時に「私も応援しているのよ」というのは、にわか阪神ファンと一緒。苦節十年でドラを叩きまくっている人とは優勝の喜びが全然違う。我慢して我慢して「買いたい銘柄がやっと買える」という喜びは、3～4回大きく儲けてみて初めてわかる。

ここは大事なポイントである。株価が、下落していても、値段が付くということは「買い」もあるということ。つまり、「買い」が「売り」を少しずつ吸収しているというわけ。

だから、ある程度「売り」が吸収されれば、株価は上昇に転じる。でも、大部分の人は「もっと下がる」と思っているから、「売り」の吸収が終わって株価がドンと上がったときに出遅れてしまう。株は上がり始めたら速いからね。

そんなわけで、われわれ長期投資家は株価が何らかの理由で大きく下がったら、さっさと買ってしまう。その後に株価が下がることがあってもあまり気にしない。

誰も買わないときにニコニコと買えるか

リズムよい投資を心掛けていれば、思いきって買える！　暴落したときに株を買えるか、買えないのかで長期投資家かどうかが試される。だって、暴落なんて株価が上がっているからこそ、起こるもの。底値相場では暴落はありえないからね。

2006年のライブドア・ショックや村上ファンド・ショックの時には、下落のすさまじさにびっくりして株を手放した人が多かったようだ。今年も米国サブプライム問題が口火となった大暴落があった。どちらも、さわかみファンドはずいぶん買い足したね。

誰も買わないときに買う　住友金属工業（東1:5405）

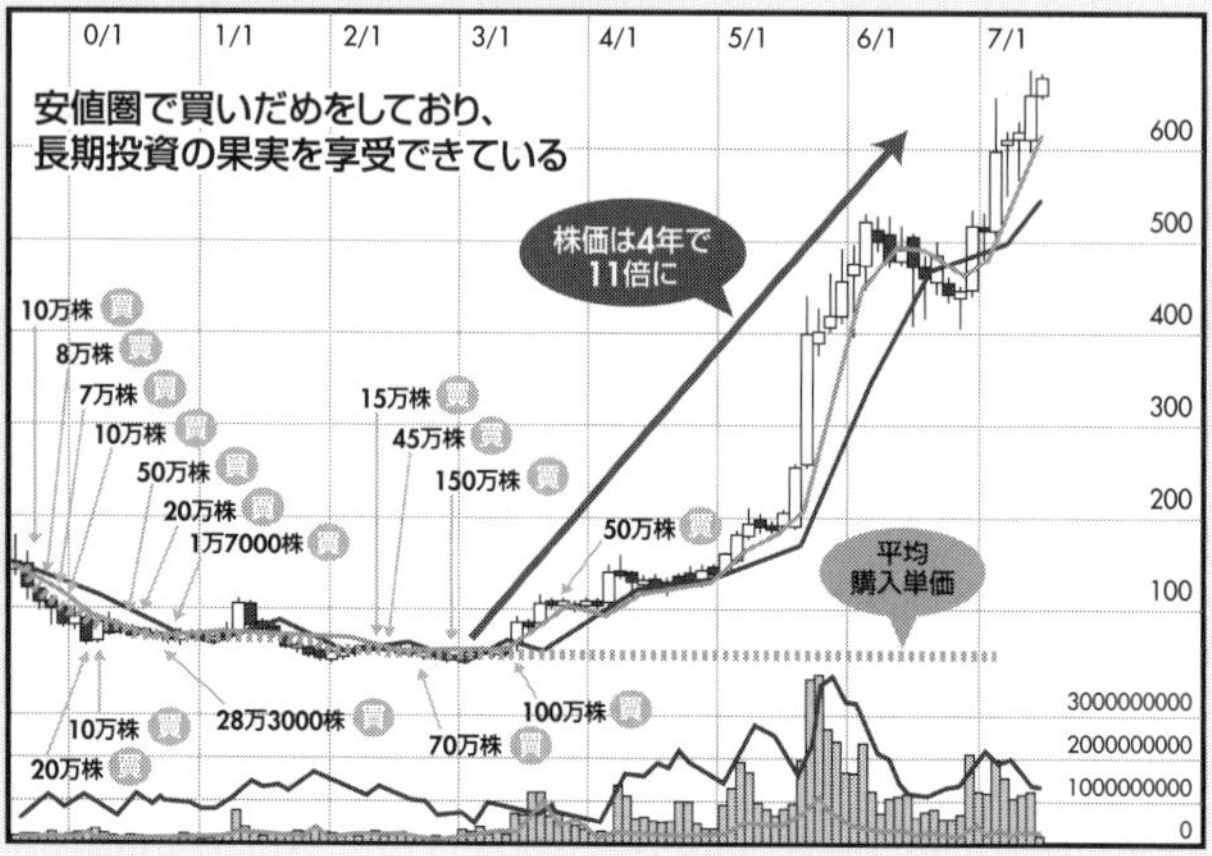

実は、暴落の前の上昇相場で個別銘柄の高値を少しずつていねいに売っていた。利益確定の売りを出して、現金をたっぷりと用意しておいたのだ。だから、暴落相場でドカンと大量に買うことができた。

長期投資ではリズムよく安く買うのが基本。「すぐに上がらなくてもいい」と思えるゆとりがなければ買ってはだめだ。短期間で儲けようと思ったら、暴落相場でとても株を買うことはできない。

「エッ、こんな時に買うの！　損するだけだよ」「相場の底値を見極めないうちは、まともな運用者としてとても買いに入れない」など、非難ゴウゴウの状態を想像してみよう。ほとんどの投資家は売ることはあっても、買おうなんて気はさらさらない。

そういった時に、ひとり買いを入れればすごく安く買える。そこでニンマリ笑って買えるかどうか。真の長期投資家かどうかが試されるときだ。

お金持ちほど暴落のときニコニコしながら、大量に買っていく。それができるのも、慣れ親しんだ会社だからこそ。そうでないと、怖くて思い切って買えないからね。

「下げ止まって反転してから買おう」という人もいるが、それでは遅い。言葉としてはキレイだし、効率がよさそうにみえるが、普通の投資家は下げのすごさにオロオロしてしまって、いつまでたっても買えやしない。

お金持ちは暴落の途中でも、「まぁ、この辺からいこうか」で、さっさと買ってしまうし、その後さらに下げても気にしない。過去に成功体験があるから、買っていけるのだ。

買ったあとは放っておく。そのうち株価が上昇に転じてきたら、適当な水準から少しずつ売っていけばいい。とにかく買うときだけはしっかり買っておく。これが大切だ。

買っていい暴落・よくない暴落

不祥事は内容と会社の対応しだい

投資した企業が予想外に業績を悪化させたり不祥事を起こすなどで、株価が急落するケースがある。なかでも、投資している会社が不祥事を起こすとすごくツライ。「応援しようと思っていたのに、なぜそんなことをするのか」という気持ちになるからね。

個人投資家の場合、「この会社もう応援するのをやめた」で、さっさと売ってしまうこともできる。ただ、大量の株を保有する機関投資家は、不祥事が起きてもそう簡単には株を売れない。それでも、社内ルールで売り切りの行動に入るから、株価は驚くほど下がってしまうこともしばしばである。

我々の場合は、不祥事がどれだけ大きな問題なのかを検証する、そして、不祥事に対して会社がどう対応するかをみる——の2点からその後の対応を決めている。

例えば、2000年にブリヂストンの子会社ファイアストンのタイヤリコール問題が起きたときは、3日間、徹底的に悩んだ。だが、この間にブリヂストンはものすごい勢いで対応を始めた。例えば、米国現法の日本人会長を罷免《ひめん》し、後任として工場長のジョン・T・ランペ氏を会長兼CEO兼社長に抜擢、米国での最大顧客であるフォードと対決姿勢を打ち出したのだ。

独自に試算したところ、被害者へ全額補償を行ってもブリヂストンの屋台骨が揺らぐこともない。仮に事態がさらに悪化して同社が潰れるようなことがあっても、さわかみファンドの運用には致命傷にもならないと判断した。その結果、「不祥事に真正面からぶつかるブリヂストンをとことん応援しよう」と決意し、株を売るのではなく、買い増すことに決めた。

さわかみファンドを購入されている投資家顧客に対しては、月2回、月中と月次報告書を送付しているので、ブリヂストン株の買い増しはわかる。それを見てファンドを解約されたら、それも仕方がない。投資先の不祥事に対して、我々としてもリスクを取ろうと腹をくくったわけだ。結果的に、そのときにファンドを解約した人はいなかったけどね。皆で応援したわけだ。

下方修正は迷わず買いだ!

業績悪化への対応は、不祥事よりもはるかにラク。株価が下がったら、買えばいいんだからね。

特に、会社の本質的な価値は変わらないのに、目先の業績が予想数字を下回ると株価がガクンと下がる、最近の四半期決算は大歓迎。これは機関投資家が予想に達しなかった会社の株を機械的に売るためだが、われわれ長期投資家にとって年に4回の願ってもないチャンスだ。

目先の業績で売買するのはトレーダーの仕事だ。我々は7年あるいは10年は平気で株を持つよ。何の価値もない会社ならともかく、強みがあって将来復活するであろう潜在能力の高い会社であれば、業績が悪くても持ち続ける。

これがさわかみファンドの投資スタイルだから、「いっしょに頑張ろうよ」と、強いメッセージを送る。特に〝技術の固まり〟のような会社は、長期でみると面白い。

為替の影響で過剰に株価が動けば「買い時・売り時」

株価は勝手に動くこともある

企業経営ではそう簡単に方向転換できない。だって、企業は大きなお金や人、モノを動かしているわけで、大きな船が舵を切っても、方向転換に時間がかかるからね。だから、企業経営者は3年先、5年先を見据えて、いろんな手を打っている。

その中には「為替の変動」も入ってくる。例えば、ユーロ高（円安）を読み込むときもあれば、あとの反動を読むこともある。「日本の金利が上がったら、為替相場はどうなるか」「円高に振れる可能性はあるか」「円高に振れないときにはどうなるか」——など、いろんなことを想定しているわけで、それが企業経営といえるだろう。

そうした基本を押さえた上で、株価だけは勝手に反応することがあるとみたほうがいい。例えば「ユーロ高・円安」という流れの中で、「この会社はヨーロッパにたくさん輸出しているから、為替差益がたくさん出て利益に上積みされるだろう」という思惑から、先回りして株がどんどん買われることはある。そうなると、株価は大きく上方にブレる。そのとき「ちょっと買われすぎだ」と思ったら、すこしずつ売っていくという選択肢はあるだろう。

例えば2006年秋はユーロ高が注目されて、ヨーロッパに輸出している企業の株価はものすごく上がっていた。

そこで、さわかみファンドではそうした企業をていねいていねいに高値を売り上がっていった。「マズイ。もう売る株がない」というところまできた07年2月末に、世界同時株安で株価全般が暴落したので、「待ってました」と売った会社を買い戻したけどね。

信じられる会社を選別しておこう

おもしろいのは、06年秋に比べて07年初夏には一層のユーロ高が進んだが、ヨーロッパに輸出している企業の株価は06年秋の水準にまで戻らないものが多かった。それだけ、株式市場で「ユーロ高」現象が注目を浴びていたことを如実に物語っているね。

とにかく長期投資では、順番を間違えてはだめ。最初から株価の動きだけに注目しては失敗する。まずは、簡単に舵が切れない企業経営があるということを押さえ、経営をきちんとやってくれている、信じられる会社を選別しておくのが大前提だ。

その上で、その会社の株価が跳ね上がっていったら売ればいいし、不当に売られすぎている場合には買えばいい。ところが、多くの投資家はユーロが高いときに「今はユーロが高いからユーロ圏への輸出比率が高い企業に投資したらいいのでは」という発想になってしまう。それでは出遅れもいいところだ。

長期のんびり運用のリズム

「応援」の気持ちがあればリズムが身につく

長期投資である会社を応援していくときに、いつどんな時でも大事にしたいのが〝長期のんびり運用〟のリズムである。

上昇相場が続き多くの投資家がその会社を応援してくるときは株価が高くなっている。そこは応援を他人に任せるつもりで一度売却し、現金化する。

そして、高値でガツガツ買った人たちが離れて株価が下がったときに、ここは自分の出番とばかり買いにいく。改めてその会社の株を買ってもいいし、さらに違う応援したい会社が見つかれば、新たにその株を買ってもいい。

ベースに〝応援したい〟という気持ちさえあれば、株価が上がったら売り、下がったら買うという長期運用のリズムが、自然と身についてくる。

よくあるケースだが、株式投資はリスクが多いから買うのは余裕のある資金、それも一部だけにしておこう。もし、暴落相場があれば預貯金やMRFに置いておいた資金を動員して、一気に買いポジションを高める戦術でいこう。こんな具合に、得々と語る人があちらこちらにいる。

まあ、気の毒だが暴落時に預貯金を取り崩して買える人は、そうそういない。大抵の人は「株を買ってなくて良かった。この暴落相場を食らった人は大変だろうな」と、他人顔しているのがオチ。そして、株価全般が急速な戻りに入った後、「しまった、あの時点で買っておけば良かった。どうせ預貯金に置いておいても、大した利息もつかないのだし」と嘆くばかり。

これがわかれば投資がラクになる

安いときには資金を残す必要はなく、思い切って株を買えばいいし、逆に高くなったら、少しずつ売り上がっていけばいい。我々は、「下げ」を待ち構えてはいるけれど、それはあくまでも投資リズムの一環でしかない。

だんだん慣れてきて、このリズムがよくわかってくれれば投資はラクになるよ。これはと狙いを定めておいた銘柄が相場暴落時などでドサッと下げた時はとにかく買っておく。そのうち、株価が噴いたら4分の1とか、5分の1ずつを売っていく。下がったら「しめしめ」と思ってまた買うというように、自分なりのリズムを作っていくのがいい。

銘柄ごとに買いの水準は決めておく

ガツガツしすぎると失敗する

暴落のときにドカンと買うのが基本だが、我々は会社ごとに期間の長いチャートをみて、おおよその買い目処を決めている。上昇トレンドの上下変動（レンジ）の中の下値を拾っていく感じだ。

ただ、トレンドラインの下値にはたくさんの買い注文が入っているので、あまりキッチリ指値を入れると買えないケースも多い。そこで、昔からの定石だが、本来買いたいと思う値段の2～3円上に指値を入れるようにしている。逆に、売るときには2～3円安いところで売ってしまう。値がさ株なら20円30円の違いでも構わない。なるべく安く買って高く売りたいだろうが、投資ではガツガツしすぎてはだめなのだ。

相場がいいときには誰でも儲かる。だが、株価は上がれば上がるほど10年20年の間には一時的な暴落があるものだ。そこで慌てて狼狽売りをする人と、相場上昇中に売り上がって利益確定しておいた現金で買える人では、将来の投資結果に大きな差がつくと思う。

狼狽売りをしてしまう人は、本当に応援したい会社を買っていないのではないか。繰り返しになるけれど、社会的に必要な会社で、自分が心から応援したい会社なら、暴落相場だからといって慌てて売ることはないはず。繰り返すが、株式投資は、〝株を買う〟のではなく、〝会社を買う〟ということを肝に銘じてほしいね。

長期投資に「損切り」は存在しない

「損切り」と「縁切り」

「損切り」はしないね。そもそも、「損切り」という言葉自体が、儲かった、損したという視点でしか株をみていない人の使うもの。ずっと応援し続けるのであれば、損切りという概念はないはずだ。

長期投資は「リターン追求」の投資スタイルではない。長期のスタンスで世の中や社会に資金を提供して、その資金で程度や社会を発展拡大させ、多くの人々に富を増やしてもらい、結果としてリターンが戻ってくるというものだ。

「その会社を応援したい」と思って買ったなら、その果実が実ってくるまで応援し続ければいいだけのこと。いいと思った会社の株価がたまたま下がることはある。そんなときは「アホな連中が売っているなあ」ぐらいに思って、のんびり構えていればいい。

ただ、「損切り」はしないが、「縁切り」した経験は過去に3回くらいある。それは、応援していた企業の経営が変わり、つまらない方向に動いていったようなケースだ。その場合は株が上がっていようが、下がっていようがすべて手放した。

気がついたら1億円

「損切り」したほうが効率的だと思う人は、やればいい。でも、「さらに下がりそうだから、一度売っておく」という行為は、下げに加担することを意味する。自分の利得計算だけで動くなら、パッパッと売るのもいいかもしれないが、社会的にはあまり美しくないね。

“縁”切りした例　日本航空（東：9205）

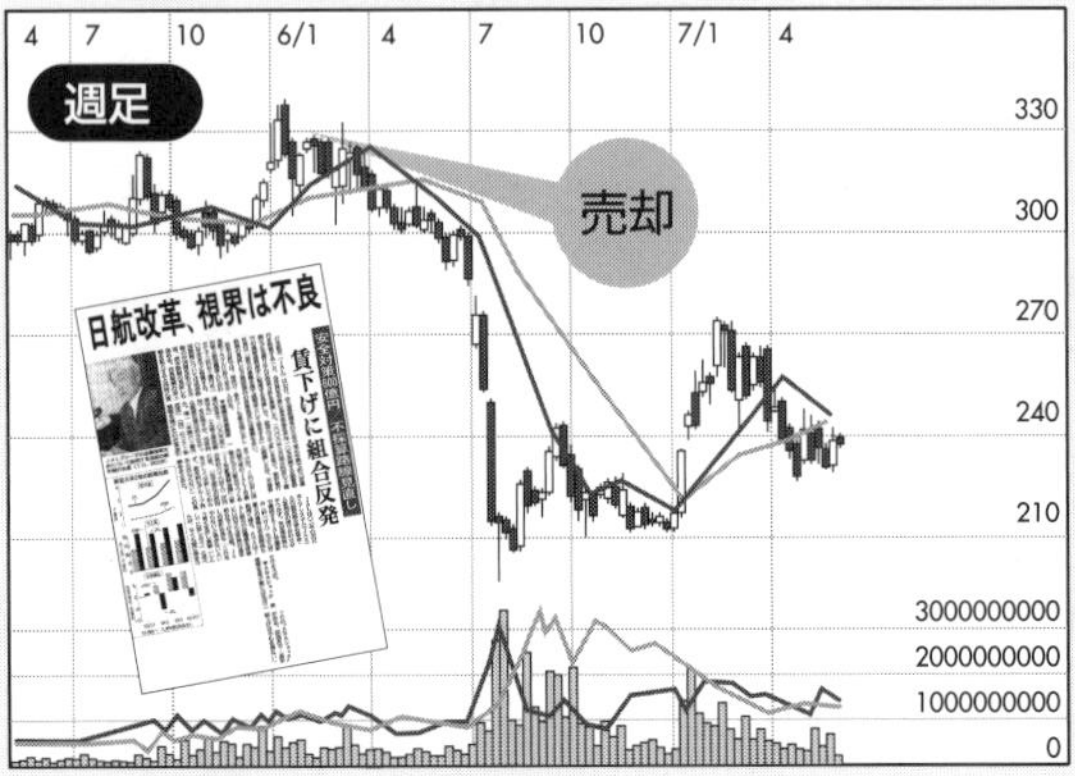

日本経済新聞 2005年11月8日朝刊

そんな時こそ、誰かがその会社を支えなくてはいけないし、誰かが買わなくてはいけない。長期投資家はその役割を果たそうとしているわけだから、そこで売ってはだめだ。下がったときに動揺して売るのは「美しくない拝金主義ミエミエの投資」だと思ったほうがいいね

最近は、最低投資単位も下がり、以前に比べて少ない資金で株が買えるようになった。そのため、たくさんの銘柄に分散投資する人も多い。

だが、あまりたくさんの銘柄を保有すると〝注意力分散〟になってしまうので反対だ。「これも買っておこうか」程度で買ってしまうから、「損切り」したくなる銘柄も出てくる。ホントに気にいった3～5銘柄だけ

を選びだして、あとはのんびり長期投資をすればいい。

そういう投資ができるようになるとラクだよ。例えば、金融資産が５０００万円になっても、相変わらず５銘柄だけ買う。ずっと同じ５銘柄を追い駆けては、長期投資のリズムを大事にして、安いときに買って、高いときに売るだけだ。長いおつき合いで土地勘もできているから、ためらうことなく思いきり投資できる。気がついたら、１億円になってる感じ。

コラム⑤ 投信の長期保有でも資産は2倍にできる

個人が株式投資でなかなか資産を殖やせないのは、底値で買って天井で売ろうとするからだ。

「もっと下がったところで買えば投資効率がいいかな」と底値を探しているうちに上昇してきて、結局高いところを買ってしまう。あるいは「もう少し高く売ろう」と引っ張っているうちに下がってしまう。要は相場に振り回されているのだ。その結果、せっかく上昇相場があってもさほど資産が増えていない人も多い。

その点、本格派の長期保有型投信は運用担当者が安いところをさっさと買っていくし、高くなればさっさと売ってくれる。投資家はそれに乗っているだけでいい。

海外では73年間で年率12・8%の実績をあげている投信もある。年に12・8%とまでいかなくとも、仮に年10%で運用できれば、7年で100万円が200万円に、14年で400万円、28年で800万円と8倍に増えてしまうのだ。

本格的な長期保有型の投信は景気の悪いときに株を買い、景気が回復し過熱気味になってきたら利食って現金化し、景気の下降局面では債券を購入していく。つまり、景気のうねりに沿って、運用者がアセットアロケーションを切り替えてくれるので、投資家は本格派の長期運用型投信を保有するだけで資産が増えていくというわけだ。

しかも、長期保有型投信のいいところは、増えたぶんをめいっぱい再投資してくれることだ。複利効果を十分に享受できるため、雪だるま式に資産を増やすことができる(分配金を出すタイプはだめ)。

ところが、個人でやるとリスクが大きいからとかいって、再投資に制限を加えてしまう。例えば、資産が100から210になった段階で110は安全資金に残して、100だけ投資してしまうのだ。先の投信の例では210をすべて再投資するため110%上昇したら4

41になった。ところが、100だけ再投資した場合には資産は約210にしかならず、大きな差がつく。

もっとも、これは本格的な長期保有型の投信に限られる。それ以外の投信は、個人が相場を追い駆けるのと同じようにするので、基準価額は上がったり、下がったりするだけで資産は増えない。

だから、自分のお金を信じて託せる、本格的な長期保有型の投信を1本保有するのも面白い。20~30年投資するならいつ買ってもいいし、毎月一定額ずつ購入する積み立てプランもある。もちろん、狙いを定めて安いところを買うという方法もありだ。

ただ、現状では本格派の投信は少ない。全国各地に本格派投信を50本作るのが私の目標だ。それが、「おらが町の投信」である。

おわりに

本書は「ダイヤモンド・ザイ」に連載中の長期投資コラムをベースにしてはいるが、今回いろいろ手を加えて一冊の本にまとめてみた。

手を加えたとはいえ、長期投資の基本はいつでもどんな時でも変わらない。やったことは、一冊の書物として全体の流れを大事にして、より多くの方々に読んでもらえるよう気を配った。結果的には、大幅に手直しすることになってしまった。

どうして、そんなに力を入れるのか？　けっこう人気の高いコラムだから、そのまま本にすれば十分ではないか？

長期投資への思いを、さらにさらに込めたいからだ。その思いを一人でも多くの人々に伝えたいからだ。

いま日本では「貯蓄から投資へ」が、あちこちで叫ばれている。長期運用のすばらしさをたっぷり実体験してきた身としては、「ちょっと待て！　そうパッパッと投資をはじめると、ロクなことはないよ」と、それこそ叫びたくなるケースが多々ある。

せっかく預貯金に眠っていた個人マネーが動き出すのだ。どうせなら、「まっさらのお金に、まっさらのまま本格的な長期投資の世界に入ってきてもらおう。それが世の中にとっても日本経済にとってもプラスになる」と考えるのは自然の流れ。

そういった思いで原稿を書いている間に、米国で発生したサブプライム問題が世界の金融市場に激震を走らせた。各国の株式市場も急落した。

思わず苦笑いしてしまったのは、日本株市場が一番派手に下げたこと。日本の金融界はサブプライム関連でほとんど痛手を負っていないと報道されているのに、日本株が一番売られてしまった。日本企業の業績は好調だし、円高に振れたといっても行き過ぎ感の強かった円安傾向がちょっぴり修正されただけなのに。

おかしな話である。これも、本格派の長期投資家が日本にいなさすぎるからだ。

サブプライム問題だろうが、世界の株式市場の急落だろうが、そんなもの一時的な現象にすぎない。人々の毎日の生活がなくなってしまったわけではないし、世の中が終わるわけでもない。だったら、何をそう怖れるのか？　なんで浮き足立ってしまうのか？

弊社の「さわかみファンド」は、待ってましたの買いを400億円ほど入れた。わずか1カ月ちょっと前までは、多くの投資家が上値を競うように買っていた。それを今、同じ企業群を泡食って売り叩いているのだ。この大バーゲンセールを買いに行かない手はない。この日のために、7月前半までの上昇相場をていねいに売り上がってきたのだ。現金はたっぷりある。

これが長期投資家である。いつでもマイペースで、投資価値のあるものが大きく売られたらためらうことなく買い、やたら高値まで人気化してきたら静かに利益確定しておく。このリズムを大事にしている間に、投資収益がいつしか積み上がっていく。楽なものだ。

自分たちの利益が積み上がるだけではない。暴落相場を買いに出ることで、売りたい人たちに現金を与え、次の行動に入る手伝いをする。つまり、皆が逃げまどう混乱のなか、経済の現場に資金を投入して経済活動を下支えするという、重要な役割を果たすわけだ。長期投資家がやらなかったら、誰がやるのか。

そう、日本に本格派の長期投資家が増えることは、経済や社会にとって大いにプラスとなるのだ。もちろん、一人ひとりの経済的自立につながり、年金の将来が不安だとかの嘆きも遠のいていく。

みな堂々と生きていこう、良い社会を子供や孫たちに残してやろう。そんな思いを込めて本書を世に出す。一人でも多くの方々に長期投資のすばらしい世界を味わってもらえれば幸いである。

２００７年９月

澤上篤人

［著者］

澤上篤人（さわかみ・あつと）

さわかみ投信株式会社代表取締役。1947年生まれ。

70～74年、スイス・キャピタル・インターナショナル社でアナリスト兼ファンドアドバイザー。

73年、ジュネーブ大学付属国際問題研究所 国際経済学修士課程履修。

79～96年、ピクテ銀行日本代表。

96年、さわかみ投資顧問㈱を設立。

99年、日本初の独立系投資信託会社であるさわかみ投信㈱を設立し、現在に至る。

「さわかみファンド」は、顧客数9万人以上。

著書に『"時間"がお金持ちにしてくれる 優雅な長期投資』『投資は世のため自分のため』などがある。

（連絡先）さわかみ投信株式会社
〒102-0094 東京都千代田区紀尾井町6-12
紀尾井町福田家ビル TEL 03-5226-7980 FAX 03-5226-7981

10年つきあう株を見つけよう!

――これぞ本格派の長期投資

2007年9月28日 第1刷発行
2008年4月17日 第4刷発行

著者――――――――澤上篤人
発行所 ――――――ダイヤモンド社
〒150-8409 東京都渋谷区神宮前6-12-17
http://www.diamond.co.jp/
電話／03･5778･7333（編集） 03･5778･7240（販売）
装丁 ――――――――重原 隆
撮影 ――――――――佐藤元一
DTP――――――――荒川典久
製作進行 ――――――ダイヤモンド・グラフィック社
印刷 ――――――――八光印刷（本文）・共栄メディア（カバー）
製本 ――――――――ブックアート
編集担当 ――――――北川 哲

ISBN 978-4-478-00270-4